ブックレット〈書物をひらく〉28

知と奇でめぐる近世地誌

名所図会と諸国奇談

木越俊介

平凡社

知と奇でめぐる近世地誌――名所図会と諸国奇談［目次］

はじめに

江戸という時代は多様な地誌を生み出した時代であった。たとえば、作り手の点でいえば幕府や藩主導の官製のもの、民間で作成されたものの別があり、様式でいえば、漢文・和文の相違や挿絵の有無、書型の大小、そもそも版本もあれば写本で流通したものもあった。

そうした多種多様かつ膨大な地誌を前に、本書で注目しようとするのは、江戸時代後半における民撰の地誌、および地誌との接点を有する書物における知と奇の関係性の問題である。と書くとややつかみどころのない話に思われかねないが、地誌を記しそれを読むという行為は、情報を収集・採集し、適宜取捨・配列することにより、土地（空間）の特性とそこにある歴史性（時間）との記録を提示し、読み手が享受するということである。その意味で高度に知的な営為といえるのだが、その際、書き手が提供しようとする情報は、すでにそこにあることが確定・定着している、いわば既知ならびに周知のものについて、詳細にあるいは整理して記述しようとするのが基本である。それは同時に、各土地における確たる物証（文字情報も含む）がないモノやハナシ、あるいは信憑性に欠ける情報といったものにいかに向き合うか、常に態度決定を迫られもする。さらに時代が下ると、書き手自身が従来知らなかったものを新たに提示しようとする試みや、書き手の土地では周知であるものの、想定される読み手にとっては未知であると考えられるものを積極的に提示しようとする動きも見られるようになる。

本書ではこうした、一般に未知・珍奇・超自然・神秘・怪異・怪談・奇談といわれる類のものをすべてひっくるめ、ひとまず「奇」と呼称することにする。そしてこの「奇」という、各時代の世の常識に照らすと不安定要因となりかねないものを、それぞれの地誌はいかに取り扱ったのか、もしくは取り扱わなかったのか、という点に着目したい。各地誌間における相違は、世界に対する認識をいかに書物に反映させるか、各書が有する信条や編纂方針に左右されるはずである。そしてそれは、ひいては当時の人々の「知」のゆくえをたどるための格好の羅針盤の一つとなると考えられる。

ところで、筆者が以上のような問題に関心を寄せた背景には、以前、十九世紀後半の奇談史を論じた際に、橘南谿《たちばななんけい》▲の『東西遊記』▲をターニング・ポイントに据えたことにある。その折、『東西遊記』の出現を境に、いわゆる百物語系などをはじめとする従来型の短篇奇談集（いわゆる怪談話）が主題としてきた怪異の描き方の求心力が失効しはじめ、それに取って代わるように好奇心を核とした未知

橘南谿　一七五三―一八〇五年。京都で医を開業。天明二年（一七八二）から足かけ四年にわたって、医を修めるため日本の各地をめぐった。

『東西遊記』　『東西遊記』は総称であり、『西遊記』が寛政七年（一七九五）三月、『東遊記』が同八月、『東遊紀後編』が同九年、『西遊記続編』が同十年に刊行され、後に『東西遊記』としてまとめられて出版もされた。引用は、宗政五十緒校注の平凡社東洋文庫版（一九七四年）によった。

なる世界への知的関心や興味が共有され増大した、という見解を提示した（「寛政・享和期における知と奇の位相——諸国奇談と戯作の虚実」▲）。そこでは同時に虚実に対する態度にも注目し、右に述べた奇談の変質と同時に後期読本などの虚構が定着していく様を、わずかな資料を手がかりに素描してみた。ただし、それはあくまで文学史の範疇に限定した試論にとどまり、その研究の過程で、さらに広い視野のもと、具体的には十八世紀半ば以降の地誌と奇談の関係性そのものを一望し、深く掘り下げて考察する必要性を痛感するに至った。

　すでに怪異研究の立場から地誌に注目した木場貴俊氏「近世怪異が示す射程▲」は、「怪異の学問的な有効性については、地誌も見逃せない」として次のように述べている。

> 地誌に怪異が収録されるのは、中国の地誌に当たる方志の門「祥異」をモデルにしていると考えられる。しかし、地誌に記される怪異のあり方は、方志の「祥異」という枠組からは大きく逸脱した独自の展開を見せている。それは、同じ地誌の中でも揺らぎがあることからも窺える。

そして、「改めて地誌を見ると、怪異と「古さ」を関連させた言及が見られる。

「寛政・享和期における……」『日本文学研究ジャーナル』七（古典ライブラリー、二〇一八年）所収。

「近世怪異が示す射程」『怪異学の地平』（臨川書店、二〇一八年）所収。

［略］怪異は、地誌の歴史を物語るものであった」と「古さ」に着目している。

つまり、歴史の古層にあるものとしての「怪異」の位置づけに注意を払うことの重要性を投げかけているわけである。ただし、本書は右の指摘から示唆を受けつつも、「怪異」そのものを問題の対象とするのではなく、もう少し間口を広げ、前述した「奇」なるものに対する人々の認知のあり方とそれをいかに表象するかという点を問題の中心に据えることとする。

本書の概要を以下に示しておく。

まず第一章では、十八世紀半ばの民撰地誌類について検証する。

つづく第二章、三章においては、十九世紀の変わり目の前後の時期に名所図会のブームがあったことに着目し、そこに奇なるものはどの程度まで記述されるのか、という点をめぐって、多くの書を記した秋里《あきさと》籬島《りとう》とそれ以外の作者の手によるものに分けて検証する。

つづく第四章においては、『東西遊記』がもたらした諸国奇談ブーム下に出版された諸書のうち、地誌的要素を有する作品の内容を検証し、『東西遊記』からの影響を見極めながら、名所図会における奇の位置づけと比較してみたい。

そして最後の第五章で、十九世紀に入り、右の諸要素を融合した新たなる地誌が出現することを指摘したい。

それでは、「奇」をいかにして「知」の体系のなかに位置づけていこうとしたか、江戸時代後半の地誌および隣接する書をめぐることによって、この時代に生きた人々の知と奇の交錯の足跡をたどってみることにしよう。

一　十八世紀半ばの地誌と奇談

1　菊岡沾涼『諸国里人談』・『本朝俗諺志』

まず、十八世紀半ばの地誌と奇談を扱ううえで必ず触れなくてはならない書が、菊岡沾涼《きくおかせんりょう》▲『諸国里人談▲』（寛保三年〈一七四三〉刊。図1）ならびに、同著者による続編『本朝俗諺志《ぞくげんし》』▲（延享四年〈一七四七〉。図2）である。これらの書を含め、菊岡沾涼の執筆活動を総合的に研究した真島望氏「諸国説話集『諸国里人談』・『本朝俗諺志』と地誌▲」は、右二書が基本的に説話集という体裁をとるものの、地誌的な特質も濃厚にたたえている点にこそ書としての強みがあるとして、次のようにまとめている。

そもそも地誌というものは、言わば大小の説話の集積という側面もあり、説話集に地誌の要素が見られるというのは至極当然と言うこともできる。ただし、ここで強調したいのは、そのことによって、すなわち〈地誌〉性を帯

菊岡沾涼　一六八〇―一七四七年。伊賀上野の俳人。また、地誌も複数手がけており、その文事については、後掲の真島望氏の著書に詳しく説かれる。

『諸国里人談』　半紙本五巻五冊。国文学研究資料館三井文庫旧蔵資料本は寛政十二年（一八〇〇）の京都・須原屋平左衛門と江戸・須原屋平助による求版本で、秋里籬島（第二章で詳述する）の跋が新たに付されている。元の刊記は「寛保三癸亥正月／東都／神田鍛冶町二町目　池田屋源助／日本橋三町目須原屋平兵衛」（筑波大学附属図書館本など）。

『本朝俗諺志』　半紙本五巻五冊。跋に「丙寅［延享三年］冬至日東武書林池田二酉堂」とある。

「諸国説話集……」　『近世の地誌と文芸』（汲古書院、二〇二一年）第六章、初出二〇〇九年。

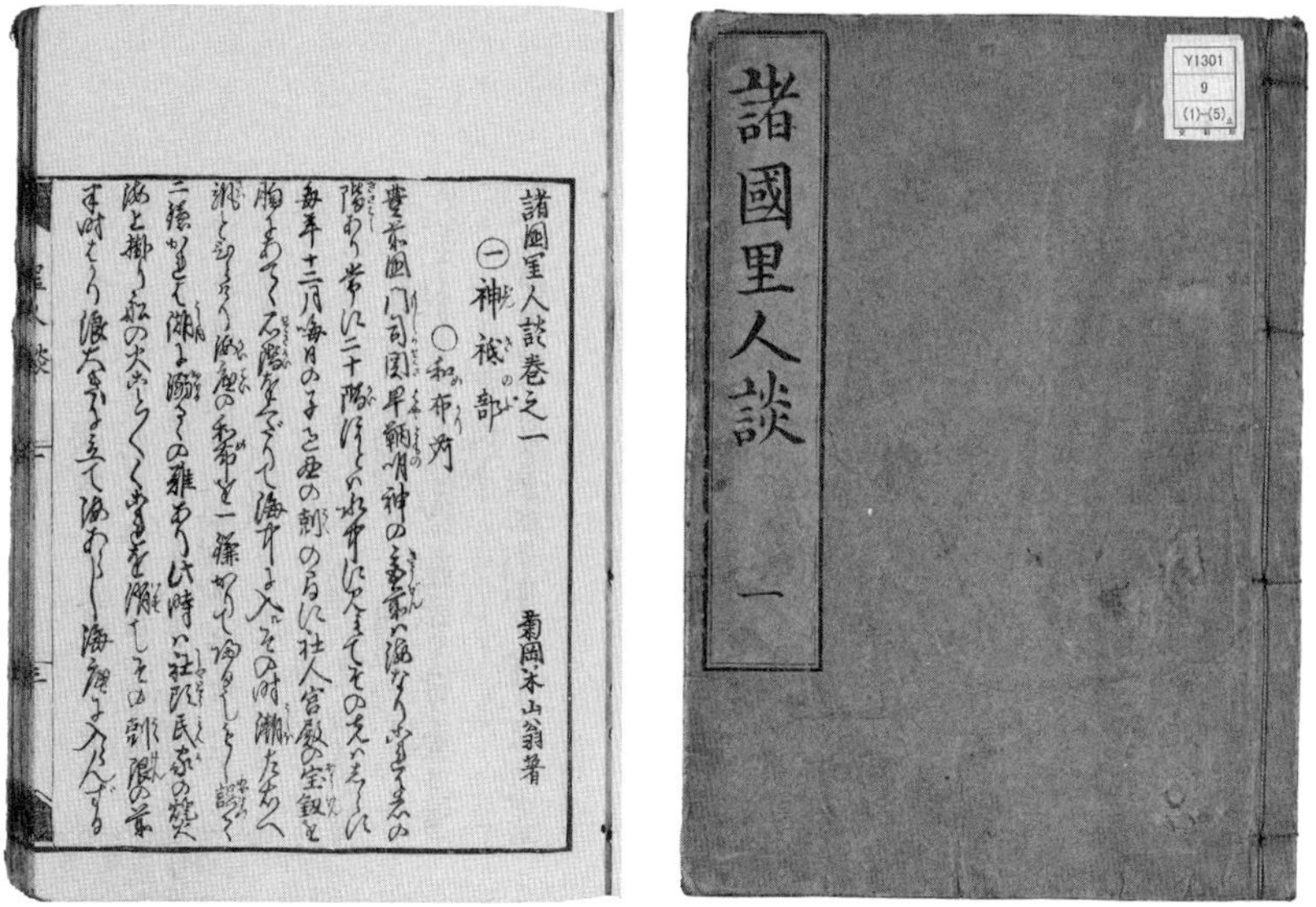

図1　『諸国里人談』　表紙（右）と本文第一丁表（左）

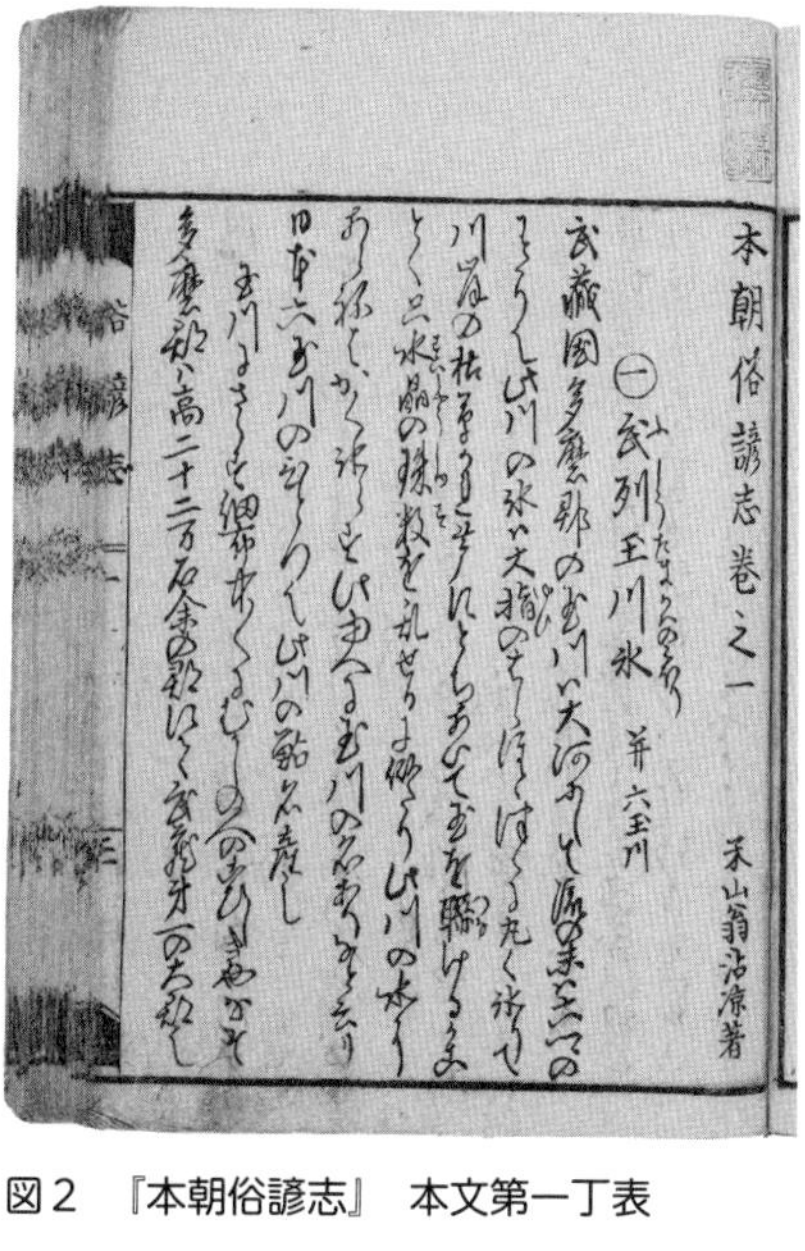

図2　『本朝俗諺志』　本文第一丁表

びることによって、『里人談』・『俗諺志』の情報としての客観性・具体性が強まっているという事実である。だからこそ、後に多くの作品に典拠として利用されることになるのであろう。

　さらに、沾涼の地誌編纂の背景には八代将軍吉宗の庶民教化奨励政策があったことを踏まえ、そこに知的活動と即物的志向をも読みとっている。

> 諸国への興味は、総体的に自己を認識するための媒でもあり、その欲求が直接的に自己や自らが属する場、生活する土地に向かえば、それは『江戸砂子』［沾涼による江戸の地誌］という地誌として顕現するだろう。すなわち、沾涼の説話作品はその知的欲求の一形態であって、ことごとしい教訓の言辞こそないけれども、一方において、やはりこの時期から沸き起こる、徂徠学にみるような即物的志向の典型的な産物だとも言えるのである。

氏が説く「沾涼の説話作品は知的欲求の一形態」という指摘はきわめて重要であり、沾涼にとってそれは、総合的な認識を構成するために不可欠な個別具体の一つだったわけである。そして「その即物的表現を裏側から支えていたのが、彼の地誌応用による説話作法であ」り、既存の説話集の利用も含め、事実性を軸にすることにより説話に新たな価値を付加したともいえよう。▲

そのうえで、真島氏はこの二作の影響下にある書として、大朏《おおで》東華《とうか》『斉諧俗談』（宝暦八年〈一七五八〉刊）、『本朝国語』（宝暦十三年〈一七六三〉刊）、松井寿鶴《じゆかく》斎《さい》『東国旅行談』（天明九年〈一七八九〉刊）などをあげている。

氏が説く…… これ以前の地誌で奇談類が記されるものとしては『三河雀』（宝永四年〈一七〇七〉序刊）があり、全四巻中、第一・二巻は三河の地誌であるが、第三・四巻は全国各地の奇談などを広く収載する。この書の特色については、はやくに和田万吉氏『改訂重刊 古版地誌解題』（大岡山書店、一九三三年）に「巻三は伊豆国響の明神の事以下二十項、巻四は越後国入方村天然の灯明の事以下十七項を収め、中に因果応報的の怪談少からず。一書にして地誌と怪異談とを含めること異例なり」と指摘され、挿絵についても「巻三、四は奇蹟、怪談に関するものなり」とある。「古版」（おおよそ元禄期以前を対象とする）の地誌に、こうした例はかなり珍しいものといえる。

2　怪異研究と地誌

真島氏の議論とは別に、怪異研究の立場から、前掲の木場貴俊氏「近世怪異が示す射程」は、「さまざまな地誌を見てみると、「妖怪」や「怪談」といった部門が立てられているものが少なからずある」として複数の書に触れているが、それを参照すると宝暦期前後の写本地誌に一つのまとまりを見出すことができそうである。

①『山陽道美作記《みまさかき》』（一七四二年以降　美作）巻八「津山王代より化物の住所七不思議之事」
②巣飲叟鶏鼠《そういんそうりようそ》『裏見寒話《うらみかんわ》』（一七五二年序　甲斐）「妖怪」
③大陽寺盛胤『多濃武《たのむ》の雁』（一七五三年　川越）「妖怪」（他にも「古跡」妖怪屋敷、「近郷古跡」大蓮寺火などの記事もある）
④『越後名寄《なよせ》』（一七五六年　佐渡・越後諸州）

こうした写本地誌における奇はいかなるものであったのか、以下、木場氏があげる中から②『裏見寒話』をとりあげ、構成も含めその具体相を考察する。さらに加えてもう一書、時期を同じくして成立した瀬下《せじも》敬忠《のぶただ》『千曲之真砂《ちくまのまさご》』についても見ていくことにしたい。

甲州の地誌『裏見寒話』について

『裏見寒話』▲（大本、五巻追加一巻付録一巻、全五冊。図3）は野田成方（俳名、鶉鼠）の手になる随筆で、宝暦四年（一七五四）の跋を有する。序によれば「葛の葉や裏見て寒し甲斐の不二」という句が書名の由来であり、甲府城勤番であった鶉鼠が甲斐国に「居をしむる事三十年、常に見及び聞およびし国中の事跡来由など書記せし反故を、散り〳〵にならむは悔べしと」、三男・正芳（俳名、仙鼠）が二人の兄から命を受け編纂したという。また、「この一部作者は、巣飲叟鶉鼠なり、増補は来椒堂仙鼠なり、参考は永腸軒海鼠なり、拾遺は化々斎鶉鼠なり」（海鼠、鶉鼠は未詳）とあるように、右父子以外の手も入っている。

書の構成については冒頭の「篇目差別」に示されており、そこには「城郭」「社閣」「山河」「府鄙」（「府中町々の名目、商売の品」を記す）「所跡」（「名所旧蹟和歌を以て知らしむ」とある）「産風」（「国内の名物土産」「風俗」「年中行事等」を記す）といった項目が示されている。また、凡例には「右は甲陽伝来の書、或は古老の

『裏見寒話』　国文学研究資料館三井文庫旧蔵資料本によった。六巻本も存し、諸本間に異同があるが本書では深入りしない。

覚書及び俗の伝ふる諸説を考訂して記畢、その足らざる所は後読の補を俟つといふ」とされ、とりわけ「神社仏閣のごとき［は］、神職・僧侶の演説を記す、古書縁起に拠て記すにあらず」とあり、口承・伝承類が採られ、対象によっては文献よりも優先されている点も注目に値する。

構成のみをみると官撰地誌に近いものの、これら一連の項目の後に「追加之巻」として「怪談」という項目が設けられ、「国に伝ふる所の怪談多しといへども、けやけきものは省之《これをはぶき》、大概実事と思しき事ばかりを抜萃して、楮尾に附し、寒話の徒然を慰せんかと仙鼠述ぶ」（凡例）と断りが付されている。信憑性の低いものは省き、おおよそ事実と思われるもののみを抜粋するという態度は、『里人談』などと共通する方針である。

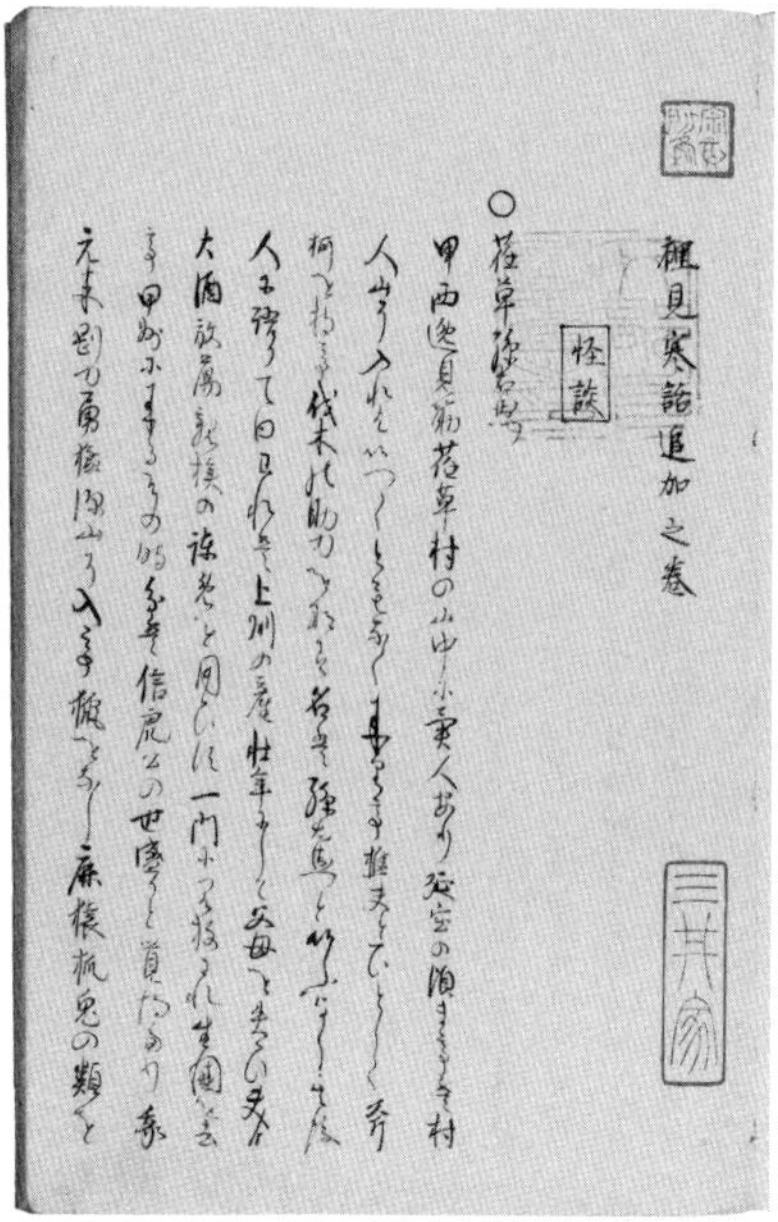

図3　『裏見寒話』追加之巻「怪談」

この「怪談」の項目は全二十話からなり、最も短いもので五十字程度、長いものは一説話と呼べる分量、具体的には千五百字前後の物語性を有する話も複数収められている。短いほうの話は、「小豆洗《あずきあらい》の怪異」「三ヶ月原の火」「鷺火」など、題からも想像がつくように、音や火の怪異現象を淡々と記したものが多い。一方、長いものは僧の大蟹退治（「蟹沢の長源寺」）や、河童の腕を切った男が、腕を返す際に薬方を教えられ、それが効能抜群の薬となり売薬によって富を築いた話（「下条の疵薬」）などの他、天狗、仙人、金鹿など、異形なる存在や霊が登場する話もある。ここでは最終話にあたる「栗原の亡魂」を紹介しておこう。

栗原の禅寺（大善寺）に新たな住職が入院《じゅいん》したが、「焔の丸《［たま］》」や「本堂鳴動」するなど、怪異が続く。人々は新住職を疑うが、当の僧は動揺もせず腹をくくり、眠蔵《めんぞう》において「七昼夜の座禅」を行う。その三日目の巳《み》の刻、美童と艶女《えんじょ》が現れ、僧に「邪淫の罪障」から救ってくれるよう懇願する。二人が話すには、女性は信玄の長臣・栗原左衛門▲の娘であり、父の寵童である男性と恋仲に落ちたのが父に知られ、頑丈な箱の中に「蛇蚿《［じゃけん］》、螻蟻《［ろうぎ］》▲の類」とともに押し込められ、寺の乾《いぬい》の隅に埋められた末に悶絶して死んだ。そして「願はくば和尚、我々を化導して仏因を示し給われ」と泣きながら訴え、消えたのであった。これを受け、僧が寺内の然る場所に当たりをつけ、七日の施餓鬼を行い、地面を掘ると果たして箱が出現、中には「顔色生けるがごと」き男女がいた。和尚の「一喝一声の下に、忽然として白骨」となり、それ以来寺内は鎮まり、僧の聞こえは世に高くなった、という話。末尾は上田秋成《あきなり》「青頭巾」（『雨月物語』）を彷彿とさせるが、梗概に示さなかった細部にも興味深い挿話があり、この「怪談」の項目は全体としてもかなり興

栗原左衛門　武田親類衆栗原氏の一門の者であろうが、誰かは同定できない。

蛇蚿、螻蟻　蚿はむかでで、螻はけらのこと。

味を引く話が多く含まれている。

この付録部分は子の仙鼠の手による箇所であり、「右の外《ほか》、さま〴〵の異説あれども、大抵を里俗に問ひ古老に聞て、その正しきをのみを撰みてここに記す。甲陽めざまし草の文辞を一字もあらためず模写するのみ」とあるが、書名とおぼしき「甲陽めざまし草」については未詳である。

また、巻一には「追補」（この箇所も鵜鼠以外の手によるか）として、旧城については「天守台あしき狐住むといふ。又大蛇ありて、雨中などにはあらわるゝといふ」、「国俗の説に、新府城跡へ御貴家麾下《きか》の士行く時は、俄《にわか》に雨を降らすと。これ古来よりいふにもあらず、近世の風聞なり。畢竟好事《こうず》の者の説なるべし。武田家勤士の子孫と行けばこの怪異なしと。いよいよあやしき説なり」などの記事も見える。また、これにつづく「勝頼の討死の所」である天目山の記事にも、荒天の日などには「俄に凱《かちどき》の声発し、金鼓を鳴し、人馬の音、戦の声ありといふ」などの記述がある。

宝暦四年ごろの成立以降もある程度の長さに渡って第三者が加筆したらしく、巻六に備わる跋の後にある諸書からの抜書のうちに、安永三年（一七七四）刊の「植村政勝が編《あめ》る本朝奇跡談▲の抜書」も含まれている。

『本朝奇跡談』 半紙本三巻四冊。もとは『諸州採薬記』と題され、享保五年から宝暦三年にかけて書かれた写本を、安永三年に村上治兵衛らが刊行した書。著者の植村政勝（一六九五―一七七七）は、駒場薬園の長を務め、異本の一つは将軍・吉宗に献上されたとのことである（板坂耀子『近世紀行集成』〈国書刊行会、一九九一年〉「解題」）。

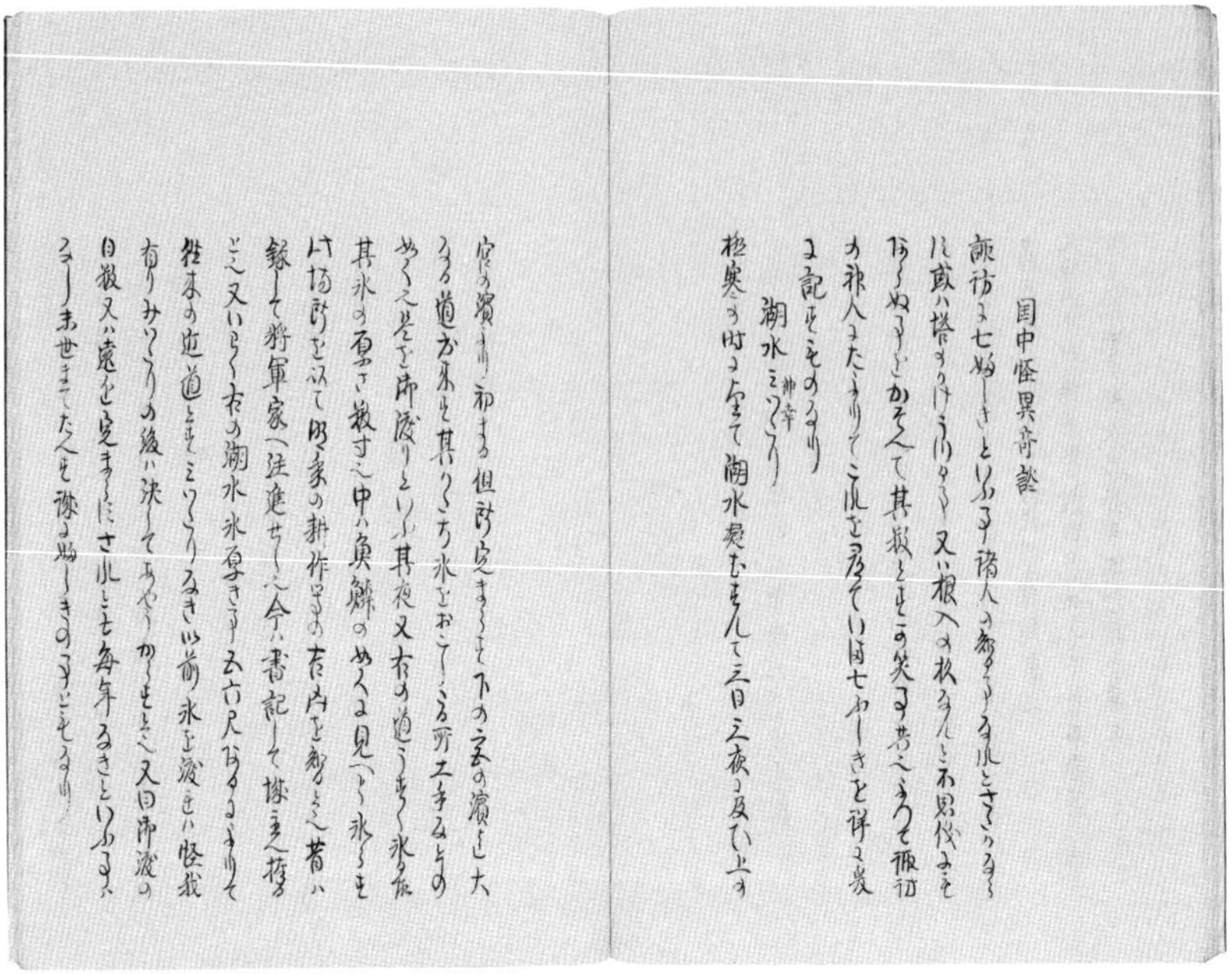

図４　『千曲之真砂』巻十「国中怪異奇談」

信州の地誌『千曲之真砂』について

それでは次に、宝暦三年成の瀬下敬忠『千曲之真砂』▲（別名『信濃志』、『信濃雑記』。図４）について見ていくことにする。大本《おおほん》の写本十巻十冊からなるこの書は、信州全域について、その沿革、城や屋敷、関所、役所をはじめ物産や名所和歌、景物などまで網羅的に記した本格的な地誌であり、これ以降の信濃地誌が記される際には必読の参照文献と位置づけられるようになる。著者である瀬下敬忠（一七〇九—八九）は「字を子信、通称を園右衛門といい、鶴巣・玉芝と号し、また、樵路庵・浮瓢子・鶴巣南軒等の号があ」り、佐久郡三塚（現、佐久市野沢）住、豪農の家に生まれたが、後に「岩村田藩主内藤氏に仕えて士席に列した」▲とのことである。その凡例には「この記に出す処［ところ］、板本の古書を以て記し、或は秘しおける日記を写し、又は里老の俚諺を聞、方俗の鄙語を以て記」すとされているように、その直後

『千曲之真砂』　国文学研究資料館三井文庫旧蔵資料本によった。

瀬下敬忠……　『千曲之真砂』「解題」（『新編信濃史料叢書』九、一九七三年所収）による。

に「標出引用之書」として掲載される「日本書紀」や軍記類など諸書九十二点に加え、日記、古老が語る話などを取材源としたことが分かる。

右のとおり、『千曲之真砂』は特に命を受けて編纂されたわけではないものの、かなり官製地誌に近い様相を呈するのだが、その最終巻末尾には、意外にも「国中怪異奇談」という項目が設けられている。その冒頭に、いまだあいまいな諏訪の七不思議を「諏訪の神人にたよりてこれを尋ていま七ふしぎを詳にここに記すものなり」として、「湖水みわたり《神幸》」「元旦の蛙狩」「五穀の筒粥」「高野の耳割鹿」「御田植の新米」「葛井《くずい》の清池一本楠井」「宝殿の点漏」が選定されている。こうした改定をともなう七不思議の列挙や後に触れる油水の記事などは、地誌における定番の記事として共通しており、当時の人々の「奇」に対するフレームや関心が、土地は違えどある程度までは定型化していることがうかがえる。

全体として二十余りの記事で構成され、試みに巻一冒頭の「総目録」に従って、これ以降の記事の題を順にいくつかあげてみると、「高井郡温泉寺石塔流来事」、「小県《ちいさがた》郡滝水寺岩石不動尊像之事」など、全体として寺社仏閣にまつわるものが多い。しかし、その次には「佐久郡小田井駅原野月輪芝《つきのわしば》之事」として「佐久郡小田井駅と岩村田駅との間に下れば、左の方の芝原に光月の輪といふ有り、大さ一丁余も有なん、その辺りは青々と芝生たるに、この輪は二尺ばかり芝切れて、その上をふみ付たるがごとし、少しもひづみなく真丸なり」と、クロップサークル（ミステリーサークル）を彷彿とさせるような現象を記した条も含まれている。以下、目を引くもののみを拾うと、「油泉井」（「水内郡檀田村油泉井之事」）や「木葉紋石」なる奇石についての報告（「佐久郡相木川淵底木葉紋石之事」）といった、自然界の不思議を報告した記事がある一方、「佐久郡立科山怪異之事」には、「享保廿年乙卯八月右岳山にて大木を伐て、人足三千余人引つれて登り、山中に小屋を掛、宿する事三夜、深更に及びてさま〲の怪異有り。小屋の内に屈《かが》み居て外へ出る事能はず、或は深き谷底に大声を上て呼《よば》はり、或は小屋の近辺へ大木数本伐倒して、小屋もゆるぐばかりに震動す。夜明て見ればすこしもその跡なく、元より木の倒れたるもなし」と、大木の伐採時の度重なる怪異現象が記録され、「水内郡下曾山村の奥三竈洞穴怪異之事」には、この村の洞穴の「内には鬼住んで、雨中闇夜に至りてはいろ〲の怪異あり、いまにたへず。その辺へは木樵・杣人等も行もの希《まれ》なり。そのおそろしき事度々ありといへり」と、山中の鬼についても記されている。とはいえ、『裏見寒話』に比すれば登場人物名を記すような物語性を有する奇談は、著者自身の先祖にまつわる、その意味でやや例外的な「同［佐久］郡三塚村子安宝珠大明神之事」のみであり、多くはモノや土地にまつわる比較的短めの報告的な挿話といった印象が強い。

3　宝暦期の写本地誌における〈奇〉

『裏見寒話』と『千曲之真砂』に共通するのは、書物全体としてそれぞれ甲斐国、信濃国について時間と労力をかけて編纂された労作ともいえる本格的な地誌でありながら、そこに付録という形で怪異・奇談が記されている点である。こうした書物としての周縁部ともいえる位置に記録されているのが、この時期の地誌と奇談の関係を物語っているようである。

さらに、取材源を文献のみに限定せず、現地に取材し、古老の話や口碑・伝承にまで耳を傾けようとする——そこには、『風土記』▲以来、地誌がこうした口承類も漏らさぬよう重要視してきた伝統が垣間見える。ただし、そうした情報源からは、失われかねない貴重な記録と同時に、怪談・奇談の範疇に入るような話材も自ずと採集されるのが常であったことがうかがえ、特に後者については編者はその取り扱いに慎重さを要したであろう。にもかかわらず、付録として、いわば境界線上に掲載するのは、おそらく各編者に、こうした「奇」なる話もその地を構成する一要素という認識があったからにほかならない。とはいえ、菊岡沾涼のように文献学的な方法を究めていたわけではなかろうし、真偽を確かめるすべは

『風土記』　『風土記』の編纂にあたっては、『続日本紀』和銅六年（七一三）五月の条に「その郡の内に生れる、銀・銅・彩色・草・木・禽・獣・魚・虫等の物は、具に色目を録し、土地の沃塉《よくせき》、山川原野の名号の所由、また、古老の相伝ふる旧聞・異事は、史籍に載して言上せしむ」という命が記されている。

証言者の信頼度の高さや、収集した話の類例の多さなどに頼らざるを得なかったと想像される。『千曲之真砂』の「怪異奇談」には、『裏見寒話』のように事実を優先するようなあからさまな宣言は見受けられないが、やはり編者による取捨選択がなされていたはずである。その一方で、はからずも『裏見寒話』が「怪談」を「寒話の徒然を慰せんか」と付言していたように、そこには娯楽性の加味という側面があったことも否定できないであろう。第四章で触れることになる近藤瑞木氏「怪談物読本の展開」▲が具体的に多くの書目をあげるとおり、十八世紀後半、すなわち宝暦以降寛政期に至るまで奇談・怪談集は陸続と刊行されており、こうした話題は身分を問わず人々に興味を抱かせる魅力を有していたことも、見逃せない一つの真実であったことがうかがわれる。

「怪談物読本の展開」『西鶴と浮世草子研究』二（笠間書院、二〇〇七年）。

二▶寛政〜文化年間の名所図会にみる〈奇〉 その一 ——秋里籬島作

1　第二次名所図会ブーム

ここから二章にわたって名所図会を考察の対象としていくが、そもそものジャンルを切り開いたのは秋里籬《あきさとり》島《とう》▲『都名所図会』▲（安永九年〈一七八〇〉刊）であり、天明七年（一七八七）に続編である『拾遺都名所図会』▲も刊行され、大本に見開きの挿絵を多用し洛中洛外の各所を網羅した両書は、ともに大いに売れた。

この後、少しの空白期間を置き、寛政（一七八九—一八〇一）から文化年間（一八〇四—一八）にかけ、畿内を皮切りに多くの名所図会が刊行された。本書ではいわばこの第二次ともいえる時期の名所図会を対象に、本文と絵それぞれにおいて奇なる要素はどのように扱われているのかを整理してみたい。ちなみに、正続の『都名所図会』には右の要素は希薄である。

以下、具体的に調査の対象としたのは、左表のとおりである。

秋里籬島　一七三三—？年。俳人。名所図会ものを多く手がけた。詳しくは藤川玲満氏『秋里籬島と近世中後期の上方出版界』（勉誠出版、二〇一四年）をはじめとした一連の研究を参照されたい。

『都名所図会』　大本六巻十一冊、竹原春朝斎画、京都・吉野屋為八刊。

『拾遺都名所図会』　大本四巻五冊、竹原春朝斎画、吉野屋為八刊。

	題名	刊年	編成	作者	絵師	版元
①	大和名所図会	寛政三年	六巻七冊	秋里籬島	竹原春朝斎	京都・小川多左衛門ほか
②	住吉名勝図会	寛政六年	五巻五冊	秋里籬島	岡田玉山	江戸・西村源六ほか
③	和泉名所図会	寛政八年	四巻四冊	秋里籬島	竹原春朝斎	京都・小川多左衛門ほか
④	摂津名所図会	寛政八～十年	九巻十二冊	秋里籬島	竹原春朝斎 丹羽桃渓ほか	京都・小川多左衛門ほか
⑤	伊勢参宮名所図会	寛政九年	六巻八冊	未詳（秦石田か）	蔀関月	京都・藤屋孫兵衛ほか
⑥	東海道名所図会	寛政九年	六巻六冊	秋里籬島	竹原春泉斎	京都・田中庄兵衛ほか
⑦	都林泉名勝図会	寛政十一年	五巻五冊	秋里籬島	西村中和ほか	京都・小川多左衛門ほか
⑧	河内名所図会	享和元年	六巻六冊	秋里籬島	丹羽桃渓	京都・出雲寺文次ほか
⑨	播州名所巡覧図会	文化元年	五巻五冊	秦石田	中江藍江	大坂・柏屋清右衛門ほか
⑩	木曾路名所図会	文化二年	六巻六冊	秋里籬島	西村中和	大坂・河内屋太助ほか
⑪	阿波名所図会	文化八年	二巻二冊	探古室墨海	探古室墨海	大坂・河内屋太助ほか
⑫	紀伊国名所図会	文化八・九年	初集五冊 二集五冊	高市志友	西村中和	和歌山・帯屋伊兵衛ほか

このうち、籬島作（網かけ部分）が、実に過半数の八点を数える。そこで、籬島作のものとそれ以外とに区分したうえで、まず本章では前者について、本文と絵それぞれをめぐって順に考察していくことにする。

2　籬島作名所図会の本文にみる〈奇〉

一口に奇といっても内包するものは多様であるので、ここでは以下のとおりアからウの小分類を設けたうえで、各要素それぞれに豊富な事例を見出すことのできる④『摂津名所図会』、⑥『東海道名所図会』を対象の中心に据え、具体例とともに見ていくこととする。

ア　寺社縁起などに見られる霊告や奇瑞など

まず、いずれの名所図会にも数多く引かれる寺社の縁起類には、当然のことながら霊告や仏像の奇瑞など、超自然的な記事が多く含まれる。

④『摂津名所図会』巻五

慈雲山普門禅寺・毘沙門天像

食堂《じきどう》に安ず。弘法大師の作。天正年中高山右近当国の神社仏閣を多く放火す。その時この毘沙門天、雲中に一度忿怒の相をあらはし給へば、忽ち魔風高山が陣中に吹靡き、敵軍敗走する事蜘《くも》の子を散すがごとし。故に当寺その急難

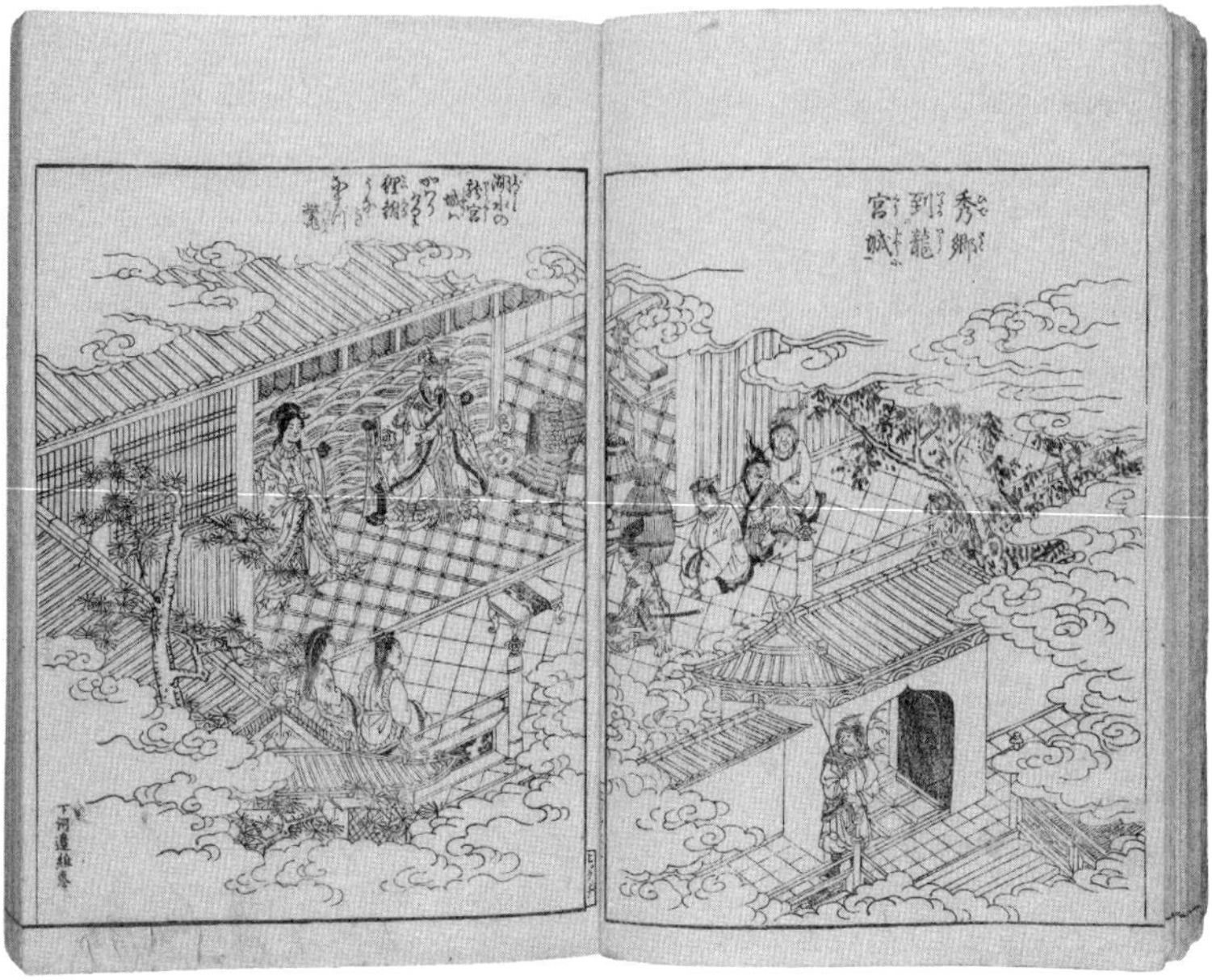

図５　『東海道名所図会』巻二・龍宮城に到る

の禍《わざわひ》を免《まぬが》る。こゝにおいて利生霊験今に著し。当山擁護《をうご》の尊天とす。

⑥『東海道名所図会』巻一

浮御堂（海門山満月寺）・観世堂　※志賀群堅田

［略］伝に云、むかし源信僧都横川の山岳より湖上を眺たまふに、夜々光明赫々たり。この浦に来り漁者の網をおろすに、黄金一寸八歩の弥陀の像を得たり。この浦古来より漁人多し。その鱗殺生供養の為に、黄金仏腹内に籠て本尊并に一千体を安ず。［略］

前者は寺が超越的な力に守護されていることを伝え、後者は仏像が光とともに網にかかった由来譚である。こうした類の内容は枚挙にいとまがなく、籬島の名所図会においては特に真偽や是非を問うことはなく、やや別格な扱いとされている。

図６　『東海道名所図会』巻二・田村将軍鈴鹿の鬼神退治

イ　物語・軍記類に登場する亡霊・鬼・奇跡など

アとは別に、古い物語や軍記類に登場する亡霊や鬼、奇跡などについてはどうだろうか。

⑥『東海道名所図会』巻二（図５）
藤原秀郷祠（蜈蚣《むかで》退治と龍宮行きについて）
この事古来より人口に膾炙すればこゝに載る。その証詳ならず。（本文部）

⑥『東海道名所図会』巻二（図６）
田村明神祠（田村将軍鈴鹿の鬼神退治についての一節）
実記あらざれども久しく世の人口に膾炙する事これ観音の仏力なり。（挿絵の詞書）

右のとおり、『東海道名所図会』には藤原秀郷祠《やしろ》や田村明神祠《やしろ》の項目があり、絵としては龍宮行きや鈴鹿における矢の奇瑞が描かれているものの、それぞれ、人口に膾炙するので載せる、その証しははっきりしない、実記はない、などの留保の文言が確認できる。

　このように、籬島が歴史的な題材における虚実に注意を払っていることは、藤川玲満氏「秋里籬島作「図会もの」読本考」が、籬島作「図会もの」読本において「虚構と見られる筋に注意を払う様が読み取れる」ことを指摘したうえで、次のように述べている。

　このことと通じる見解が、名所図会における伝承の解説に見られる。『東海道名所図会』巻之四「阿波波神社」では、無間《むげん》の鐘の伝承を語る当代板行の書物を妄説として退けるとともに、この場所が「無間山」と称されることを「延喜式神名帳に出たる神社をあらぬ号をつけて神号の廃する事を歎て」と非難する。すでに名勝の由縁の一端となっている言説であっても、謬説に一線を引く姿勢をとっている。これと同様に、「図会もの」読本の執筆の際には歴史の事実の実証性に立脚しようとする姿勢が根本にあり、このことが、ひいては筋立てに独自性を加えることの慎重さ、従来言われる〈創作の少なさ〉を生じさせているのではないだろうか。

藤川玲満氏「秋里籬島作……」　『近世文藝』一〇九、二〇一九年。

「図会もの」読本　名所図会の様式を用い、大本で挿絵をふんだんに使用し、軍記などを出版した一連の作品群をいう。秋里籬島もその代表的作者の一人で、文政期以降に入ると複数の書き手が存した。

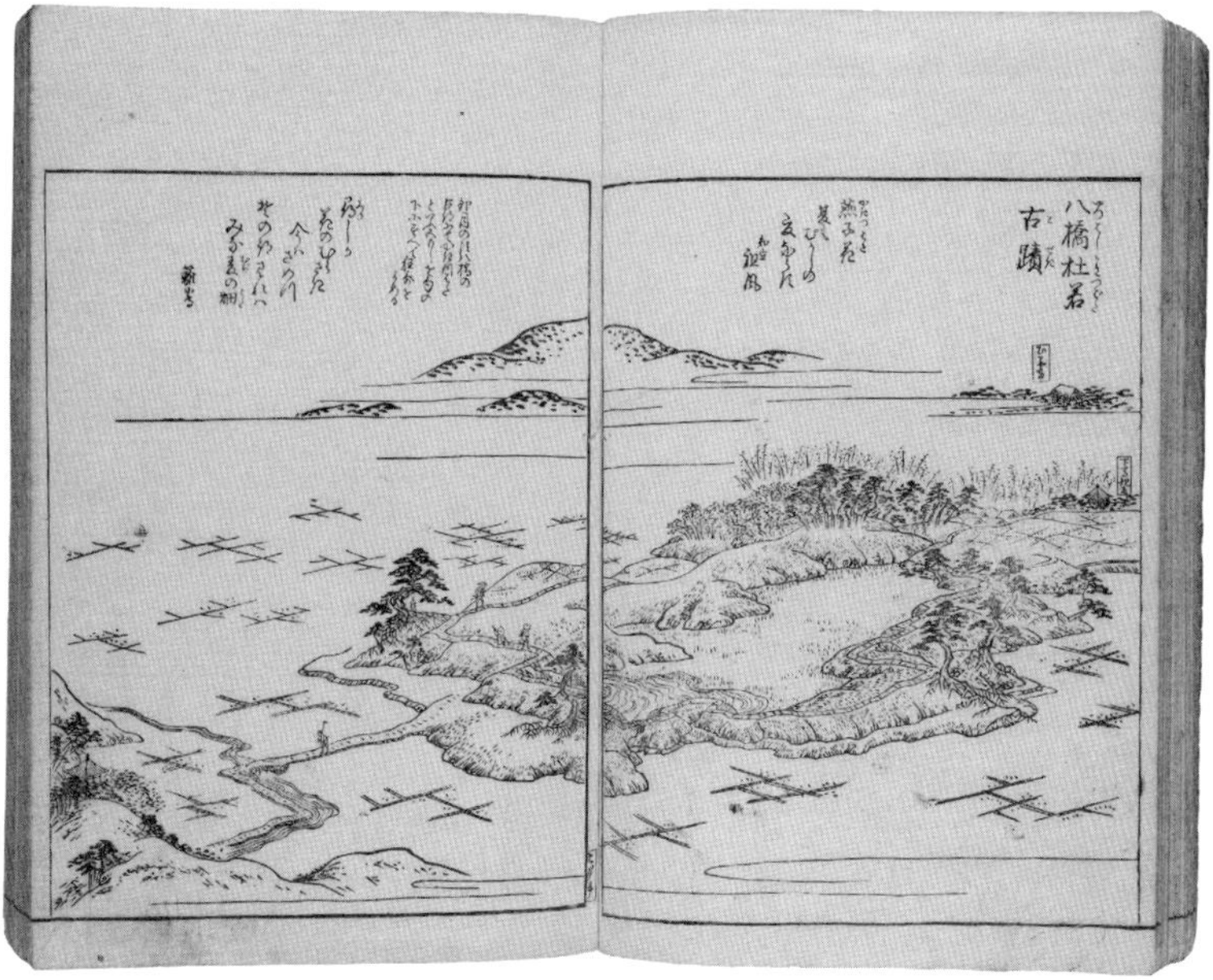

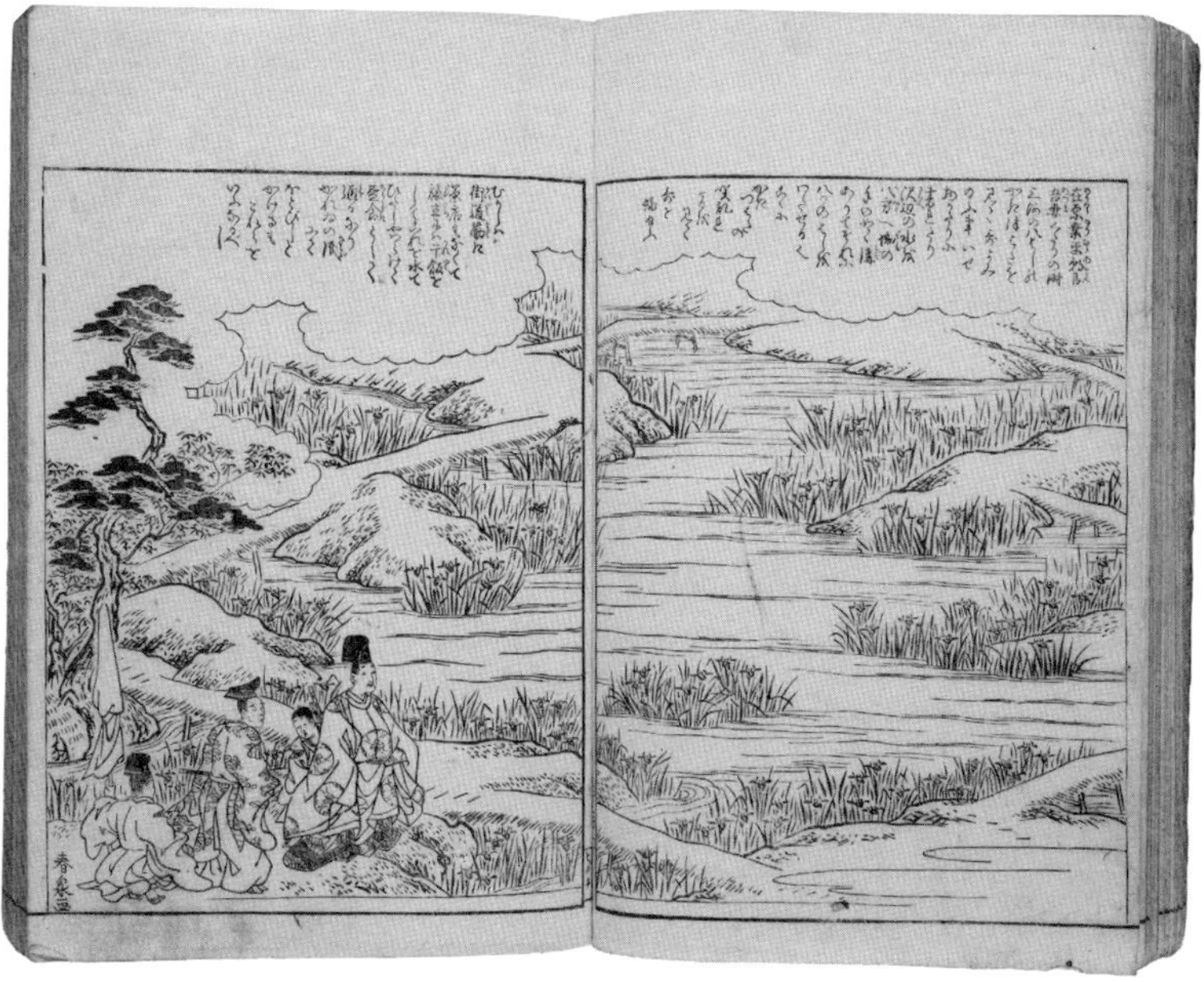

図７　『東海道名所図会』巻三・八橋の古蹟（上）、業平と八橋（下）

新田義興　一三三一—五八年。新田義貞の子。関東を主戦場とし、足利尊氏とも戦った。『太平記』などでは、多摩川の矢口渡しで殺されたとされる。新田神社はその怨霊の祟を鎮めるために建立されたもの。

ここでは氏の補足の意味合いも込め、歴史と作り物語の虚実をめぐって、『伊勢物語』を例に籬島自身が述べている文言を、『東海道名所図会』の「八橋」の項目から引いておくことにしよう。

⑥『東海道名所図会』巻三（図7）

八橋の古蹟

［略］愚按ずるに、［『伊勢物語』は］かの卿［在原業平］の風流を体《たい》にして、古歌をゑらみ、往昔《おうせき》の詼達《かいたつ》なる文をつらね、語《ことば》を嬿婉《ゑんゑん》に基きて、後人艶文家の作なり。必しも尽く在氏に出ず。あるが云く、二条家三代集伝授にも、まづこの物語を初めに読《よま》しむとなり。『源氏物語』は虚を実に書《かき》たり。この物語は実を虚に作《つく》れり、然るを僻案に虚を実にするゆへに惑説多し。実を実にし虚を虚に見れば紛るゝ事なし。これ『伊勢物語』を読《よむ》口伝なり。［略］

ここでは『伊勢物語』と『源氏物語』とを引き合いに出しながら、「実を虚に作る」、「虚を実にする」ものとしてそれぞれを捉え、その上で虚と実を見極めることの重要性が示される。このことはそのまま『名所図会』の読者に対して、籬島が「惑説」を避けようと記述していたことと重なるものと考えられる。

図８　『東海道名所図会』巻六・新田義興の霊魂

もっとも『東海道名所図会』には『太平記』にもとづく新田義興の霊魂の挿話をはじめ、他に虚とすべき記事があり、先の例に照らせばこれらにも注記があってよさそうなものだが、いずれも特に留保なしに引かれている。

⑥『東海道名所図会』巻三
宮路山（藤原師長の鬼〈水神〉との遭遇『源平盛衰記』「師長熱田社琵琶事」による）

煙巌山鳳来寺勝岳院《えんがんさんほうらいじしょうがくいん》［略］皇太子驪《くろこま》に騎《のっ》て空中を駆給ふに蹄のあたる所あり、これ三河国設楽《しらく》の峯と、『太子伝』にあり。

⑥『東海道名所図会』巻六（図8）
新田明神祠（新田義興の霊魂の挿話『太平記』による）

おそらく、こうしたすでに説話として定着しているものに対し、逐一指摘していくと記述が煩雑になり、地誌という所期の目的から外れてしまうのだと思われる。それとともに、全体として、籬島の記述の基準は徹頭徹尾一貫しているわけではなく、多少の揺れとともにやや恣意的と見られる部分もあることも念頭に置かねばならないだろう。

ウ　巷間の怪談・奇説など

最後に、ウとして、一般にいわれるところの、巷間の怪談・奇説の類に属するものをとりあげてみよう。

⑥『東海道名所図会』巻四
姥ヶ《うばが》池《いけ》（駿河）
［略］里談に云、文禄二年二月八日、亀氏《かめうぢ》なるもの、妻嫉妬深くこの地へ身を投て空しくなる。その怨霊この池にとゞまりて今にゆきゝの人こゝに立寄、「姥々」とよべば涌上りて水音あり。また「姥甲斐なし」といへば弥高く勃《ぼつ》潏《けつ》して泡を出す。按ずるに、溝洫の水脈この地に淀み聚《［あつま］》りて湓沸《ぼんふつ》すると見へたり。

溝洫《こうきょく》とは田と田との間のみぞのこと。この姥ヶ池はいわゆる妬婦の怨霊譚を背景として、呼びかけると池の水がわき上がるというものだが、「按ずるに」の前までは、『東海道名所記』によると見られる。興味深いのはそれ以下に、この奇異と見られる現象に対する合理的な説明が加えられている点だろう。

④『摂津名所図会』巻五
虎宮火《とらのみやのひ》

［略］この森より雨夜に火魂《ひのたま》出て、その辺を飛めぐり、片山村の樹上に止るといふ。これに遭ふ人大ひに恐る。又土人曰、火縄を見すれば忽《［たちまち］》消るといへり。按ずるに、初夏より霖雨の後、湿地に暑熱籠りて陰陽剋し、自然と地中より火を生じ、地を去る事遠からず。往来の人を送り、あるいは人に先立ッて飛めぐるもあり。みな地中の陰火の発するなり。恐るゝに足らず。陽火をもつて向ふ時は狐狸の火とても消るなり。日中に顕はれざるにて知るべし。腐草化して蛍となるの大なる物也。天文志にも見へたり。

ここでも「按ずるに」以下では、大気中と地中の陰陽の逆転から、当時なりの科学的な考察によって、火の玉の出現について冷静に対処しようとするさまがう

腐草化して…　古くは『捜神記』に記される説であり、日本では平安期にすでに知られていた（植木朝子『虫たちの日本中世史』、ミネルヴァ書房、二〇二一年）。

かがえる。
こうして見ていくと、やはり籬島には、基本的に怪談・奇説の類から一定の距離を置こうとする傾向が見られるようで、次は③『和泉名所図会』の例だが、かの信田狐《しのだぎつね》についても「論ずるに足らず」と一蹴しているのである。

③『和泉名所図会』巻三
［葛の葉明神］［略］奇事を好もの、これらの義によりて、千歳の狐、葛の葉といふ美人に化したると云囃して、後世ここに祝ひ祭るなるべし。論ずるに足らず。しかしながら、泉州旅行の景物なるべし。

籬島の名所図会のうち怪異的要素を比較的多く有する④『摂津』、⑥『東海道』においてもこうした例は数えるほどしかなく、参考までに以下に列挙しておく。

④『摂津名所図会』
玉手箱　［略］土人これ［塚］を玉手箱といふ。塚上に登る者忽《たちま》ち祟ありとぞ。按ずるに玉手嶋の謬ならんか。（巻一）

胞衣塚　味原池の二町ばかり東にあり。大小橋命《おおおばせのみこと》の胞衣を蔵めし所なり。土人過《あやま》つてこの塚を穿つ時はたちまち病悩して頭の髪抜け落つるなり。その祟をうくる者、近年両三人ありとなん。土人これを云ひ伝へて大いに恐懼す。（巻四）

三枚橋　［略］土人云、むかし闇夜《あんや》に鬼負《おひ》来り、こゝにかけしとぞ。由縁詳《つまびらか》ならず。（巻五）

山本窟　［略］土人塚穴と云。むかし火の雨降し時こゝにかくれしとぞ。（巻六）

蜘蛛滝　［略］むかしこの滝に大なる土蜘蛛棲んで樵夫《きこり》を悩せしなり。これによつて領主よりこれを退治《たいじ》しけるとぞ。（巻九）

⑥『東海道名所図会』巻五

馬入川《ばにう》（平塚）

［「俗伝」として、頼朝がここでの橋供養に参加した帰りに、義経・行家の怨霊、安徳天皇の御霊を見て落馬、その後病に伏し亡くなったことに触れて］一説には、この橋供養の砌《［みぎり］》、水上に悪霊出て黒雲舞下り雷電霹靂とす。その時頼朝卿の乗馬駭《おどろ》ひて落馬し給ふ。馬は水中に飛入て忽ち死すとぞ。故に馬入川といふ俗説あり。いまだその実録を見ざればたしかにしるす事能はず。

新宮《しんぐう》大権現（鶴岡八幡宮内）
［後鳥羽院の怨霊をなだめる旨を記した後］社の後は深谷にして一株の古杉あり。
［略］土人云、この地に天狗来り棲《すむ》といふ。
神嵩《かうのたけ》［略］嵩《みね》に天狗腰掛松あり。時々奇怪ありて里人恐る。

右の例からも分かるように、いずれも散発的で、モノに付随した一文ほどの比較的短い記事である点が共通している。

籬島は名所図会執筆にあたり実地調査をかなり行っていたようであり、内容次第では口碑も採取することを、たとえば『東海道名所図会』凡例には「村翁野夫《そんおうやふ》の諺《ことはざ》も是《ぜ》なるは載る事あり」などとうたっている（ここでの「諺」は格言ということではなく、世間に伝わり話の種とされてきたこと、ぐらいの意味）。このことは第一章で見た先行する写本地誌群とも共通する要素であり、そのなかには当然、いわゆる幽霊や怪異現象を含んだ怪談・奇説の類も含まれていたはずである。▲だがここまで見てきたとおり、掲載された事例自体それほど多く認められないのは、編者・籬島が、こうした情報をかなり慎重に取捨し、結果除外したためではないかと考えられる。

それとともに、名所図会という様式は、原則項目としてその土地固有の形ある

そのなかには当然…　『遠江古蹟図会』（享和三年〈一八〇三〉成）は、凡例に「惣じて古蹟の事記、古書、『延喜式』、『日本紀』、あるいは『東鑑』に記したる事蹟など至って微《すくな》し。あらまし、往古よりの云ひ伝へ、古老の噺、俗説のみ云ひはやす事ども数多なり。それを正す時は、数微きゆゑに、俗説も記しぬ。甚だしき虚説は除くのみ」とされるが、結果として奇談・怪談類の占める割合がかなり高い書となっている。その背景には当然著者の関心が高かったこともあろうが、やはりそもそも民間に流布していた口碑類が各地に多く存し、それらを積極的に採録したことの反映と考えられ、ちょうど籬島の編纂態度とは対照的な例として捉えることができる。一方、翌年成立の『犬山視聞図会』は籬島の編纂態度と軌を一にする。両書を比較すると、『遠江古蹟図会』は碑や塚、塔、さらには松など、小規模のモノについての項目が多く、『犬山視聞図会』は城や寺社仏閣などの大きな建造物を項目の主体としている。前者が対

象とするモノは、その名といわれ（挿話、起源譚など）が分かちがたく結びついている点に、こうした違いを生む理由があるように思われる。

再現性の低いもの　この視点は、口頭発表時に木場貴俊氏からご教示を得た。

何か、たとえば地名や塚・碑などが掲げられ、それらを基点として情報が記載されるという体系を有する。その際、単にその土地で発生、もしくは流布している怪異的な事件や話は再現性の低いもの▲であり、本来的に籬島が考える名所図会、もっといえば地誌の様式とは相容れない性質のものであったといえるのではないだろうか。

3　籬島の名所図会の挿絵にみる〈奇〉

次に籬島が手がけた名所図会の挿絵について見ていくが、この点を考えるうえで手がかりとなるのが、①『大和名所図会』凡例の次のような一節である。

> 一　図画の間々《はざま》に人物の大絵あり。古歌のこころを画するは、その地の風色をあらはさんが為なり。また事実《じじつ》を画するは、童蒙の見安からん便《よすが》とす。春日野・良弁杉《ろうべんすぎ》などこれなり。

すでに『都名所図会』の凡例に記されていることだが、名所図会の「図画」は、俯瞰図と「人物の大絵」に大別される。右の引用はそのうちの「人物の大絵」についての下位分類が述べられているわけだが、最初の「古歌のこころを画する」絵は、歌枕を中心に名所図会を彩る定番の一つであり、名所図会を少しでも繙いたことがあれば、馴染み深いものと思われる。では、もう一方の「事実を画する」絵とは具体的には何を指すのだろうか。試みに、ここに例としてあがる「春日野」、「良弁杉」を書中に求めると、前者（図9）は春日野の在原業平の挿話（『古今集』による。『伊勢物語』では「武蔵野」）、後者（図10）は幼少時に鷲にさらわれた良弁和尚の逸話を図像化したものであることが分かる。

　つまり、ここでいう「事実」とは「故事」ぐらいの意味合いに用いられていると理解できる。この点についてはすでに、久米仙人像を詳細に分析した西野由紀氏「物洗ふ女――『大和名所図会』における久米仙人伝承の図像」が、『大和名所図会』は、『都名所図会』以来の「実景にもとづく描写の挿図」に加えて、「故事説話絵を多数に収載」することを指摘している（図11）。また、飯倉洋一氏も『摂津名所図会』における丹羽《にわ》桃渓《とうけい》画の特徴の一つとして「人物故事説話が絵画化されている」ことを指摘している。

　ちなみに、たとえば先行する大坂の地誌『摂陽群談』（元禄十四年〈一七〇一〉刊）でも、挿絵には素朴な故事絵（図12）が含まれているが、名所図会ではさらに具体的な一場面を紙面に再現すべく描こうという意図が感じられる。

久米仙人　伝説上の人物。仙術で空中を飛行中に、吉野川で衣を洗う女性の白い脛に目を奪われ落下した、という逸話が古くから伝わる。

西野由紀氏「物洗ふ女……」　『山辺道』五六、二〇一五年。

丹羽桃渓　一七六〇―一八二二年。大坂の画家。名は元国、字は伯照。通称大黒屋喜兵衛。寛政から文政年間にかけて数多くの書の挿絵を描いたことでも知られる。その活動については、高杉志緒氏「丹羽桃渓研究序論」（『浮世絵芸術』一四五、二〇〇三年）などの一連の研究を参照されたい。

「人物故事説話が……」　『絵入本ワークショップXI 資料集』、二〇一八年。

『摂陽群談』　岡田徯志著、植木庄蔵ほか画。半紙本全十七巻十七冊。大坂・和泉屋伊右衛門、京都・池内次兵衛、江戸・升屋五郎右衛門刊。摂津国の地誌としてはごく初期のものにして、網羅的に編纂されている。

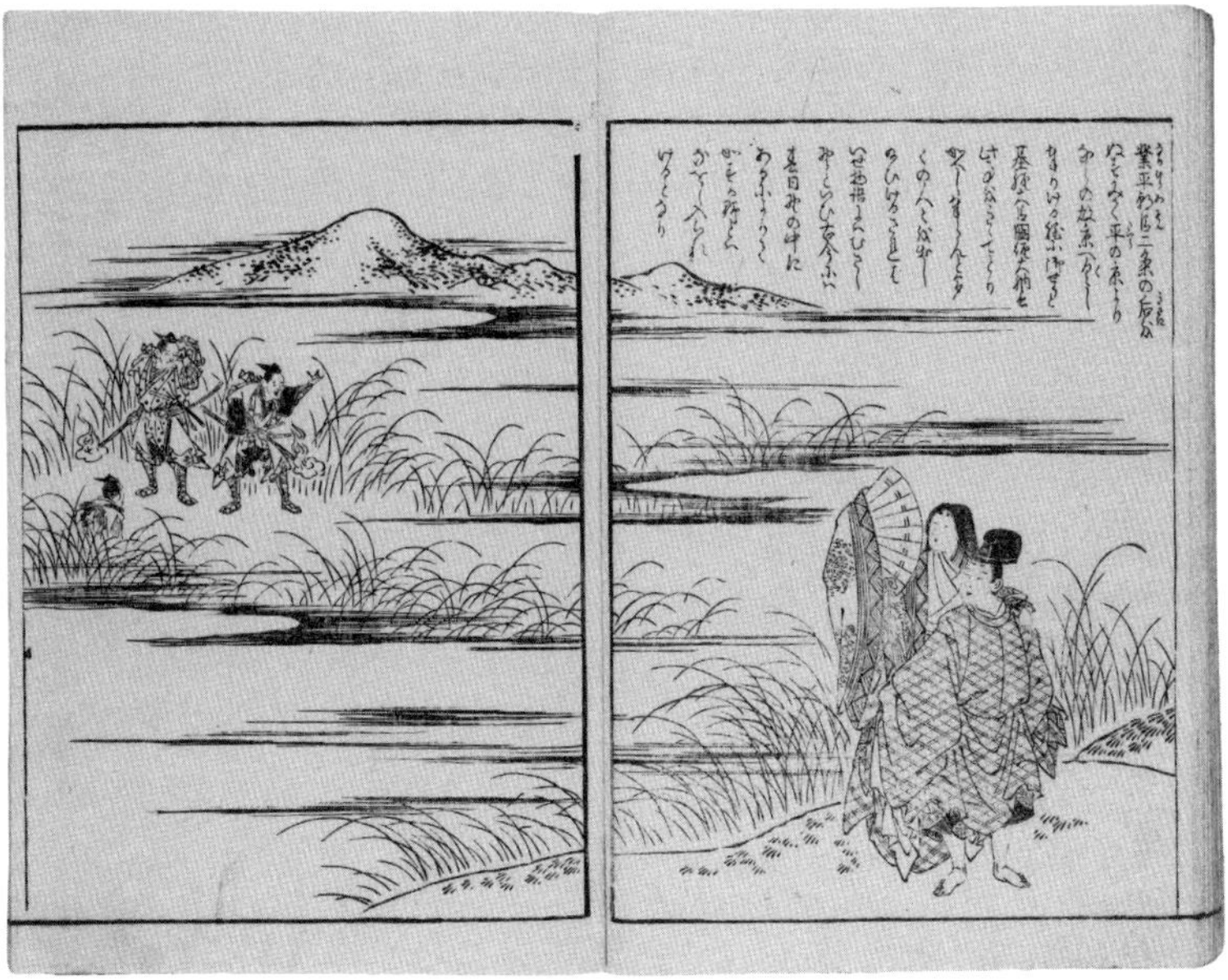

図9　『大和名所図会』巻一・春日野の在原業平

図10　『大和名所図会』巻一・良弁和尚の逸話

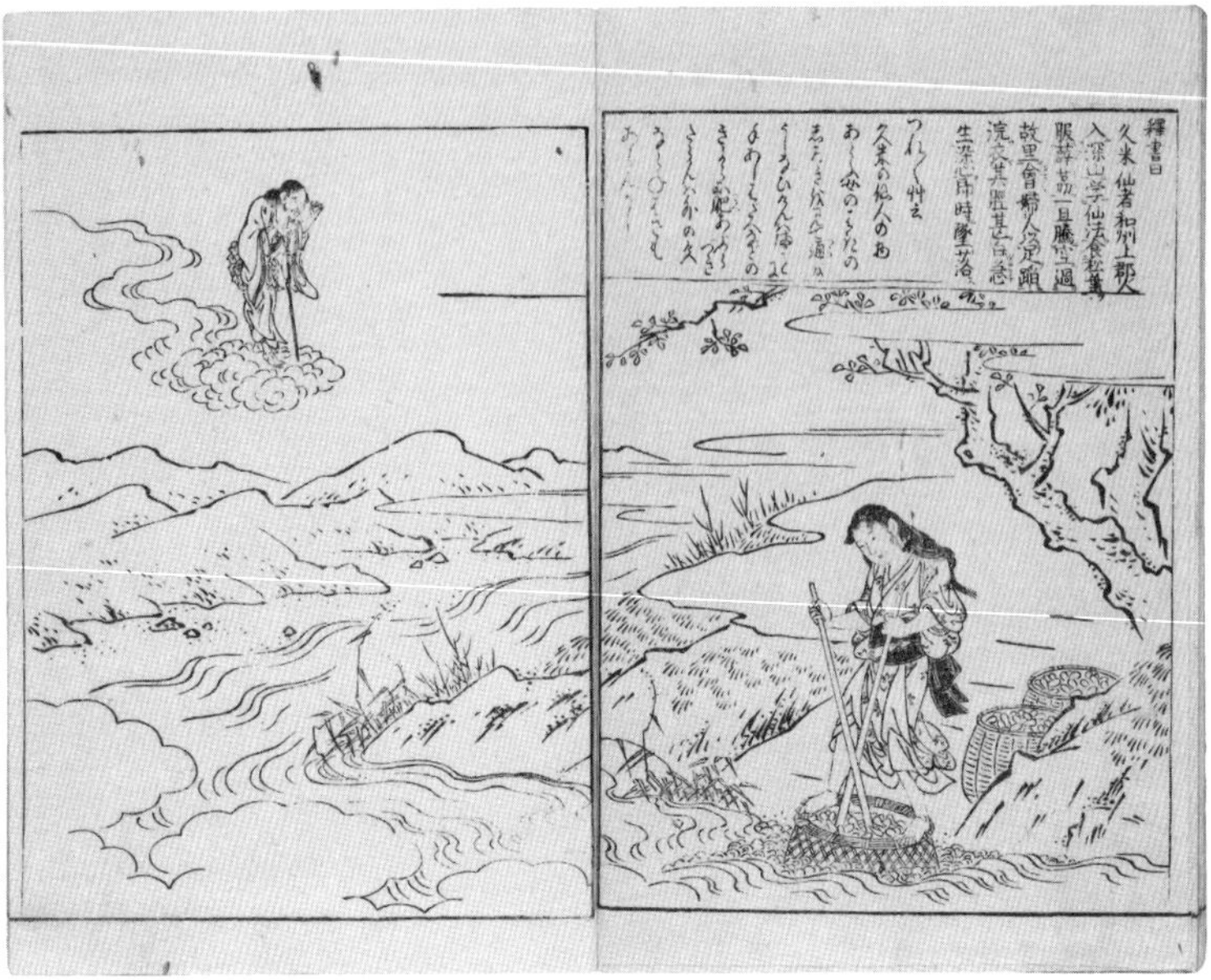

図11 『大和名所図会』巻五・久米仙人

図12 『摂陽群談』巻三・鉢伏峰の由来譚。
神功皇后三韓征伐後の帰朝

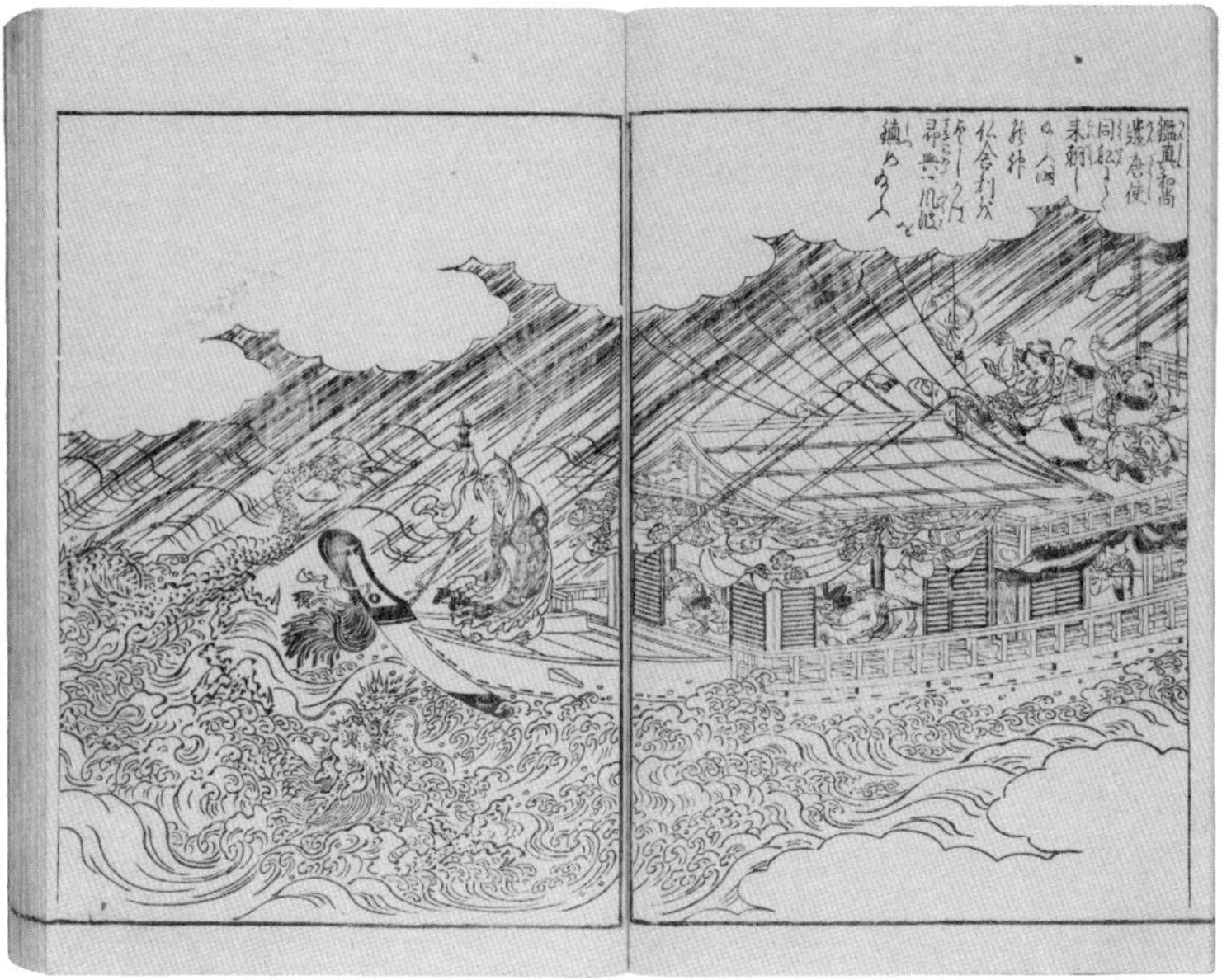

図13　『大和名所図会』巻三・鑑真和尚と神龍

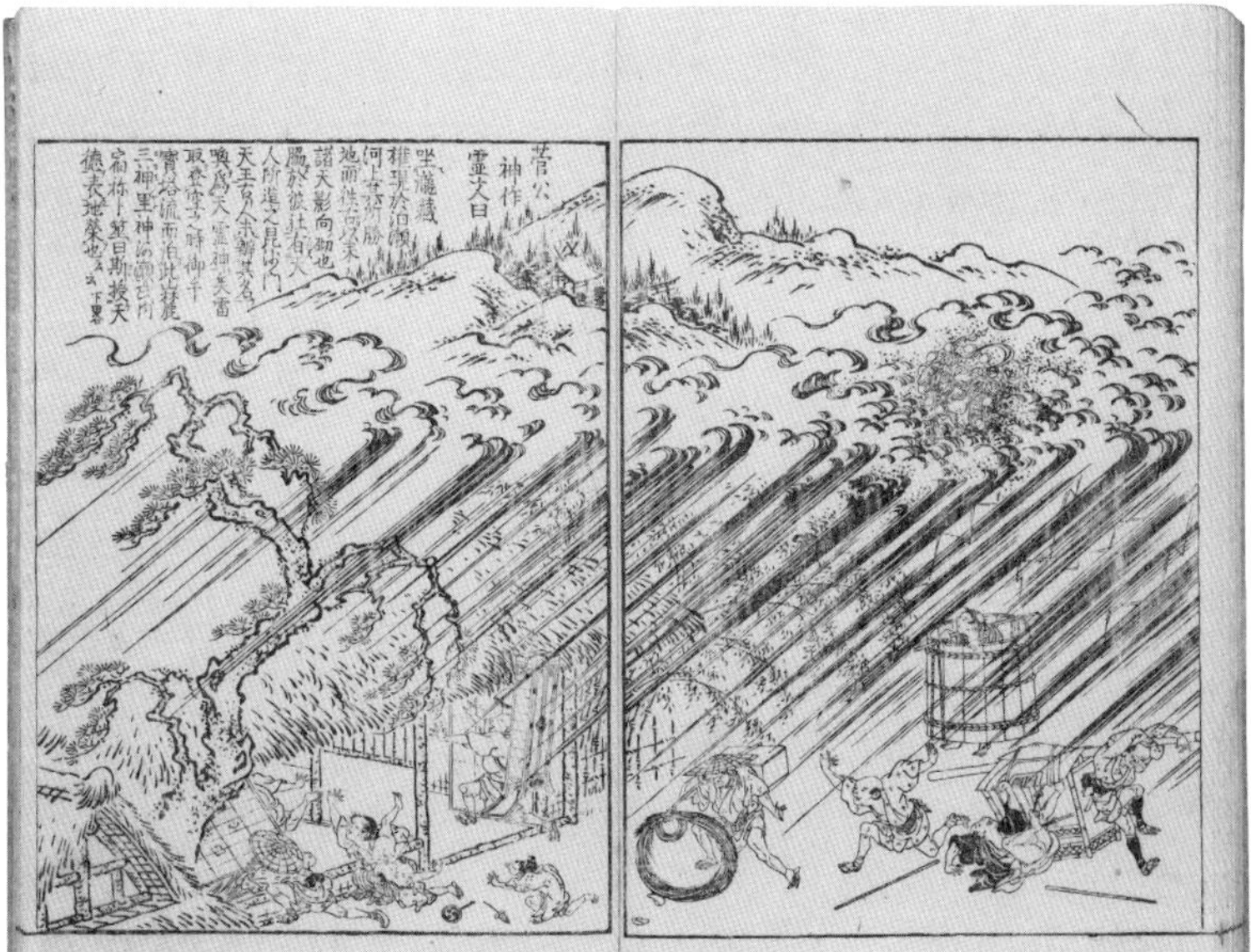

図14　『大和名所図会』巻四・雷神として祟る菅原道真

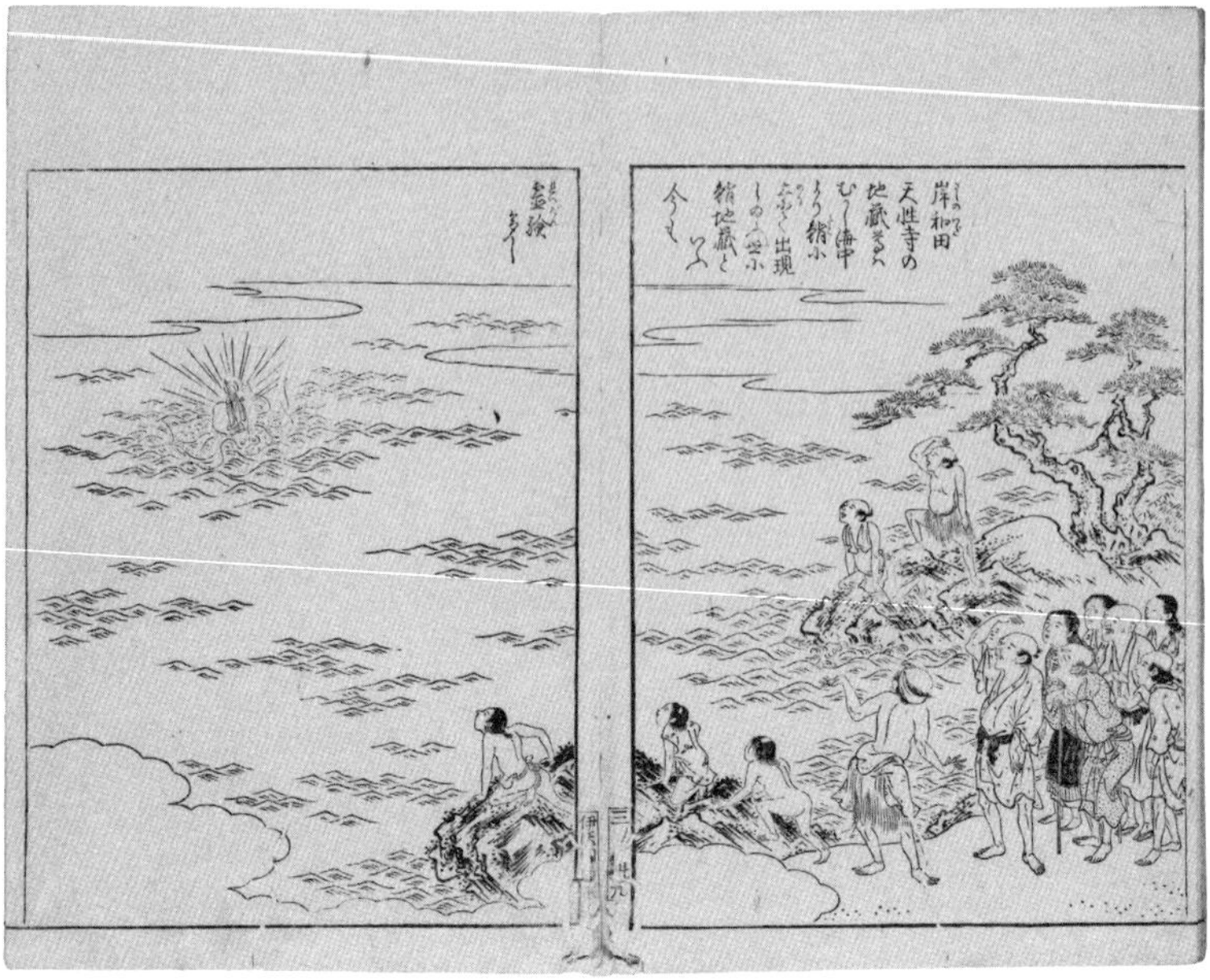

図15　『和泉名所図会』巻三・海中より出現した岸和田天性寺の蛸地蔵

こうした故事の絵が、「童蒙の見安からん便《よすが》」とされるのは、故事を視覚的に見せる啓蒙的な意図とともに、絵の題材に変化をつける娯楽的な狙いもあったからであろう。結論を先取りすると、籬島の名所図会の絵における奇なる要素はこの範疇に収まるものが多くを占め、他の例としては、『大和名所図会』における鑑真と神龍（図13）、道真雷神図（図14）などがあげられるぐらいである。

前節の分類でいえば、神仏の縁起類であるアの範疇に入る絵もわずかながらあることはあり、たとえば③『和泉名所図会』の蛸《たこ》地蔵（図15）があげられる。これに対し、先にウとしたいわゆる巷間の怪談・奇説の類を図像化することは皆無なのである。

三▶寛政〜文化年間の名所図会にみる〈奇〉　その二——籬島以外の作

ここからは、前章において籬島作の名所図会について考察した問題を、他作者のものを対象として本文と挿絵を同時に見ていくことにしたい。

1　『伊勢参宮名所図会』について

⑤『伊勢参宮名所図会』（作者未詳）には注目すべき凡例が備わる。

一　A寺社幷名所の古説等の迂怪奇僻は共に実否《じつぷ》を糺《たゞ》して、妄説に似たるはこれを窃闕《せつき》す。Bただし古書印版に載する怪談、流俗の夜話、或は仏説等は姑《しばら》く従ひ、また図してC一興に備ふ物あり。［傍線は引用者による］

一　仏刹の縁起又は仏像の出現などは態《わざ》とその元を怪しくせんが為に、多くは漁人の網に引あげし等の類、十に七八は除きて記さず。

「窃闚」は窺い見る、垣間見ること。ここで述べていることは、怪談・奇説類についてはその「実否」を吟味し、妄説に近いものは慎重に扱う、ただし、写本版本類に記載されるその類の話はひとまず採り、また読者の興をかきたてるため図像としたものもある、ということである。

この傍線Aに注目し、「銭掛松の記述を具体例に、『伊勢参宮名所図会』の編纂態度について考察し」た義田孝裕氏は、次のように指摘している。

> そこから、本書が数々の先行文献・資料を参考しながらも、名所・旧跡に関する由来や伝説などについては、あくまでも本説を正しく伝えようとした作者の意識を感じ取ることができたであろう。ひいては、『参宮図会』にある各項目について、記載事項はそれぞれの説明をただ列記しているのではなく、作者の姿勢や編纂意図に応じて適切なものが採用されている可能性も考えられよう。
>
> （「『伊勢参宮名所図会』の編纂姿勢——銭掛松の記述をめぐって」）

また、傍線Bに「怪談、流俗の夜話、或は仏説等は姑《しばら》く従ひ」とあるが、この「怪談」という語は、本文における次のような使用例に照らせば、「不思議な話」

「窃闚」は窺い見る……　五一頁に触れるとおり、この凡例をほぼ踏襲した『播州名所巡覧図会』では、ほぼこの語句のみ「窃闚《せつけつ》」（ひそかに省く、の意か）に替えられていることから、あるいはこの『伊勢参宮名所図会』も本来この熟語のつもりで誤記したものか。

「『伊勢参宮名所図会』の……」　堤邦彦・徳田和夫編『遊楽と信仰の文化学』（森話社、二〇一〇年）所収。

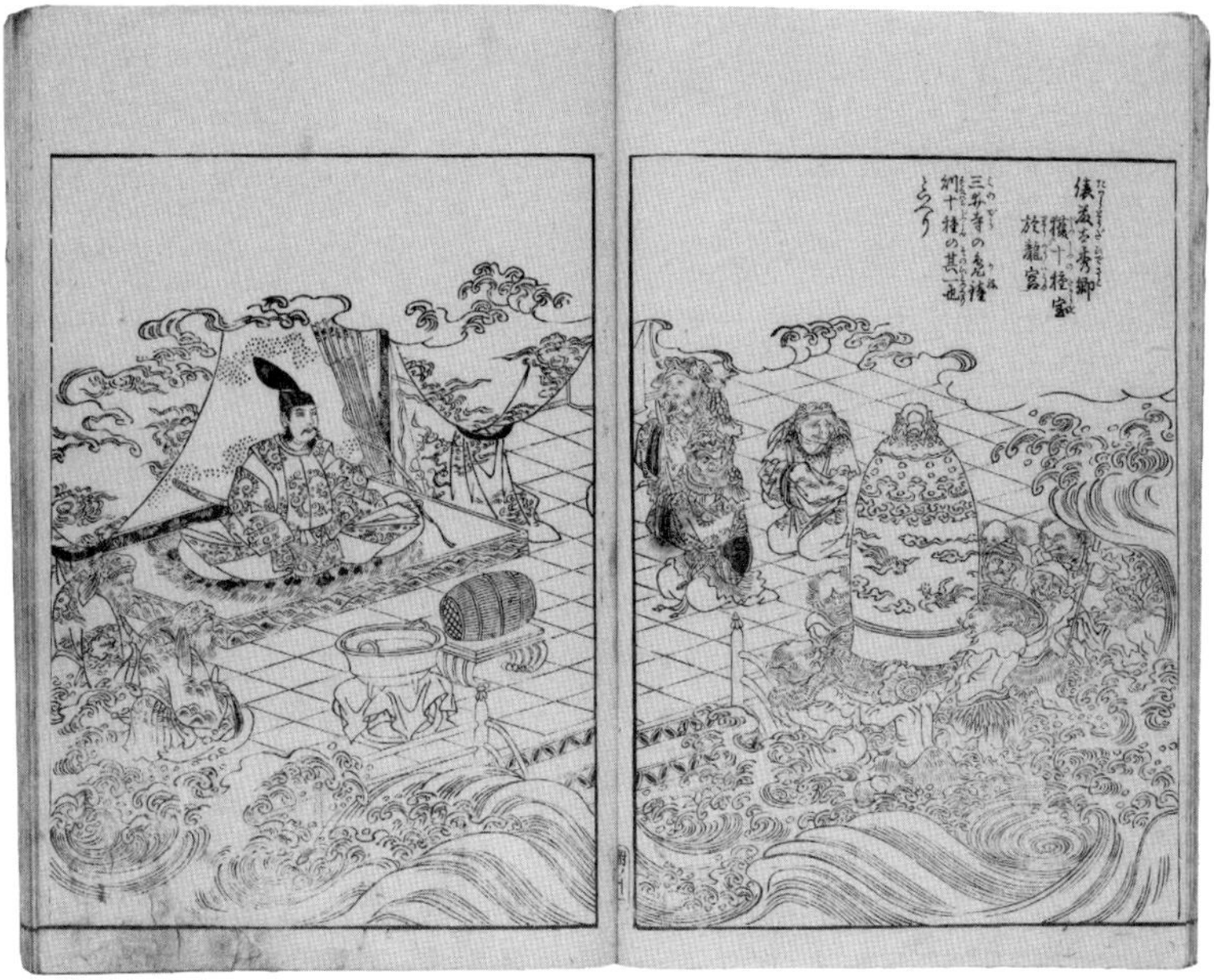

図16　『伊勢参宮名所図会』附録巻・俵藤太十種の宝を龍宮に得る（参考）

ぐらいに理解すべきと思われる。

俵藤太祠《たはらとうだのやしろ》　橋の右に両社ならびあり。秀郷子孫橋の辺を通れば即下馬して小刀・鞭・扇子等を水中へ投じ　拝して去らざれば必ず雨ふるといふ○これは世の諺なり。されども小祠《やしろ》・橋もろとも今に公より修補し給ふ事を思へば、むかしはなしの怪談を以て祭らるゝ事の有べきとも思はれず。疑ふらくはこれ橋姫明神の祠なるべし。橋を守護の神なり。山城宇治橋・伊勢宇治橋・淀の橋ともに橋姫の祠あり。ただし秀郷は江州蒲生氏の祖ともあれば昔よりその氏の神を祭り来る事もしるべからず。（巻二。図16）

椿淵《つばきがふち》　この辺にあり。これに付きて怪談の俗説多し。しかれども興玉森《おきたまのもり》に間近ければ、椿大明神の故事なるべし。（巻四）

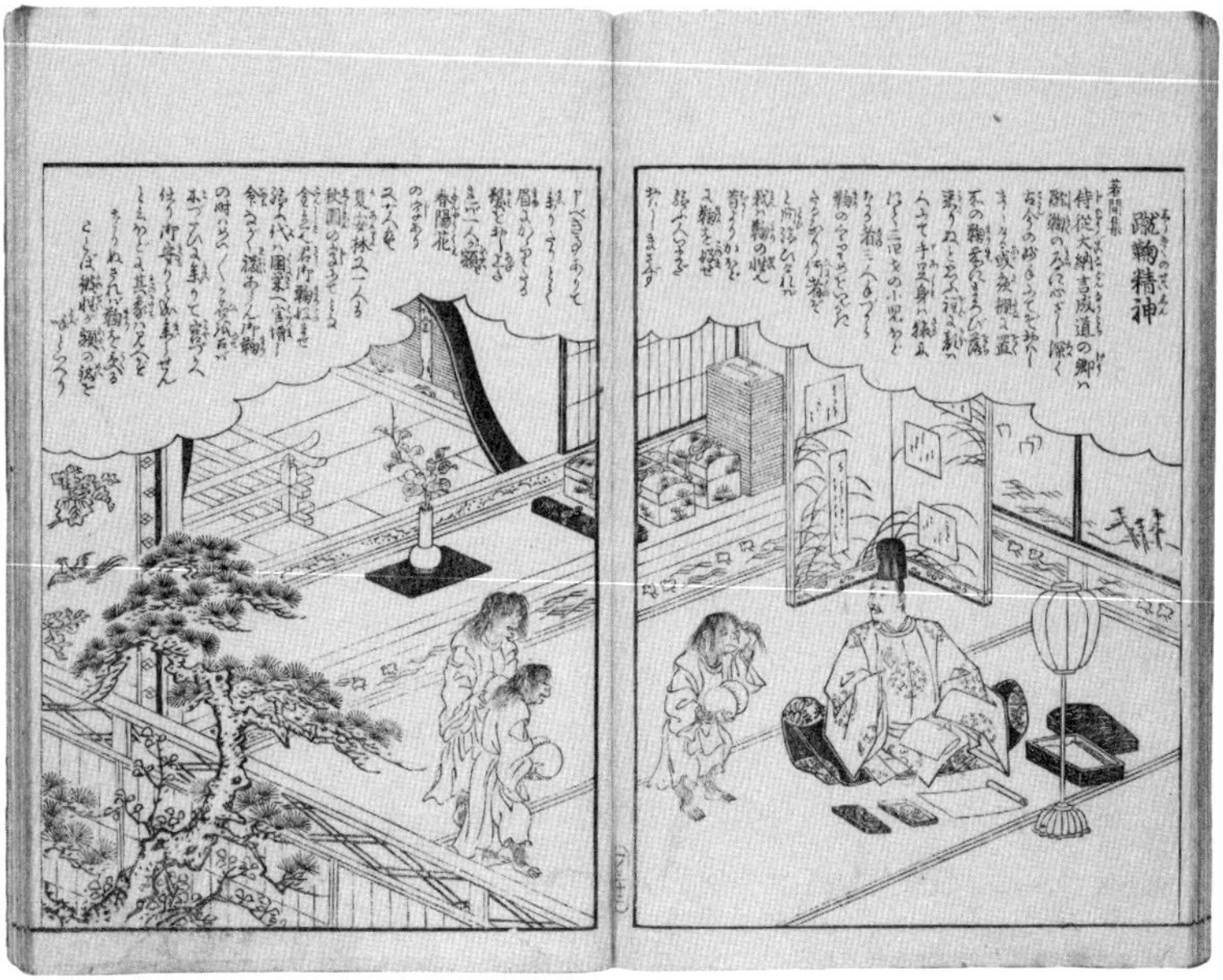

図17　『伊勢参宮名所図会』巻一・蹴鞠の精神

さらに先の凡例には「古書印版に載する」とあったが、それは情報源を確かなものに限定しようとする姿勢の反映と捉えることができる。ただし本文に関しては「怪談、流俗の夜話」などが、籬島の名所図会に比べ目立って増えているわけでは決してない。凡例からは、基本的に籬島の路線を継承し、ジャンルの様式として規範化しようとする意図を読みとるべきだろう。

ところでここで気になるのは、傍線Cの「図して一興に備ふ物あり」という一節である。つまり、こうした類の話を意識的に画像化していることをうたっていると見られるわけだが、これに該当すると思われる絵をあげていくことにしよう。

一つ目は、「蹴鞠精神《しうきくのせいしん》」。蹴鞠に秀でた藤原成道がある夜、鞠から顕れた精たちと会話するという『古今著聞集』にある話の絵（図17）であるが、結果としてこの説話集の新たな挿絵としても機能している。

図18　『伊勢参宮名所図会』附録巻・平経正の仙童の琵琶と白龍

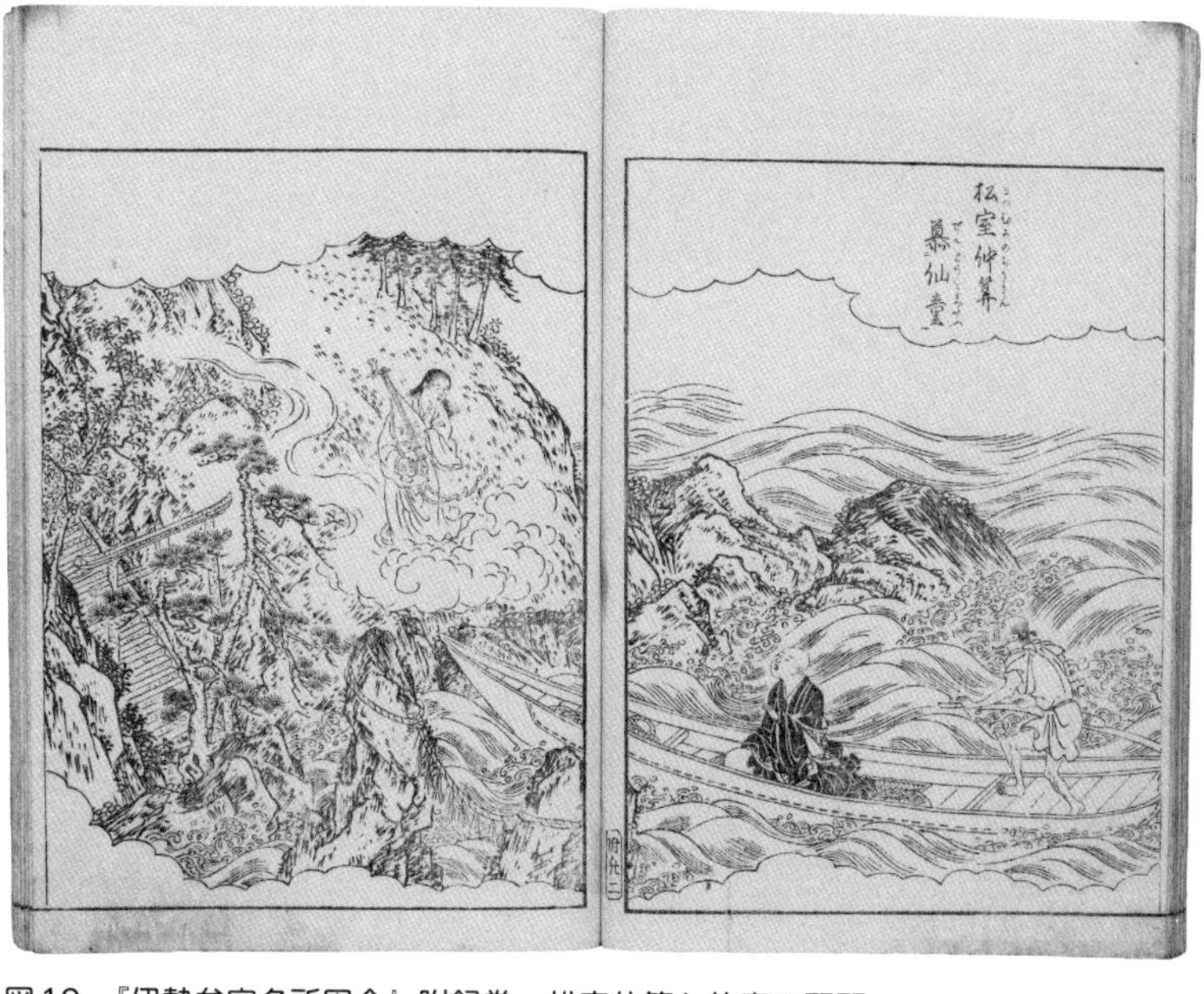

図19　『伊勢参宮名所図会』附録巻・松室仲算と仙童の琵琶

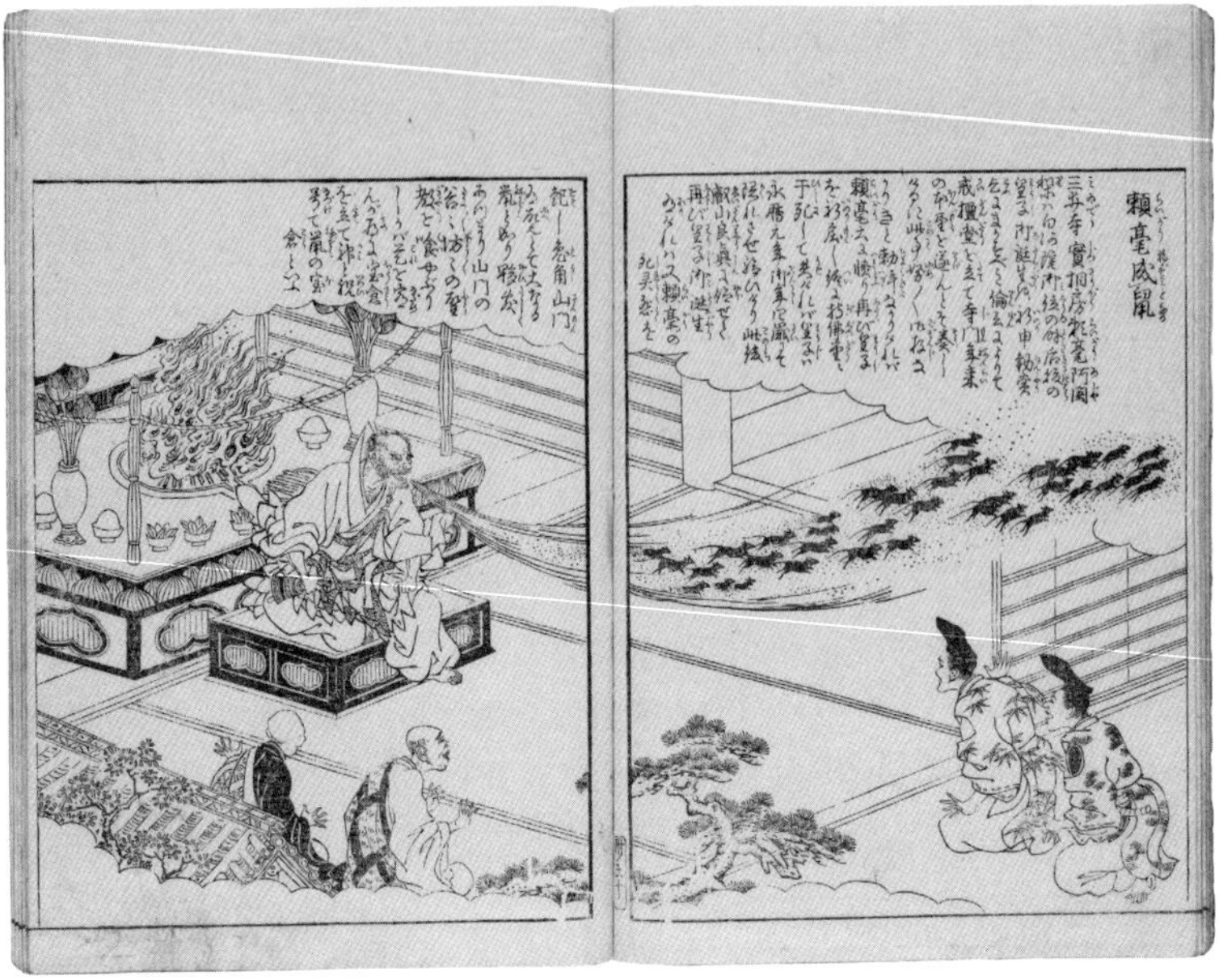

図20　『伊勢参宮名所図会』附録巻・頼豪阿闍梨、鼠と成る

次にあげるのは、竹生《ちくぶ》島《じま》に関する挿話としてあげられる、平経正が仙童の琵琶をひくと、神が感応し白龍が顕れた、という『源平盛衰記《げんぺいじょうすいき》』にある記事の絵画化である（図18）。

これにつづいて描かれるのが、同じく『盛衰記』による、その仙童の琵琶の由来譚（図19）。

もう一つは、頼豪阿闍梨が鼠となって恨みを晴らす場面（図20）だが、かなり躍動感のある絵となっている（本文には『太平記』の記事によるとある）。

以上、これらの絵はいずれも物語世界を奥行きのある構図で描き出した意欲的なものと評することができ、挿絵を描いた蔀関月《しとみかんげつ》の筆力を感じさせるが、範疇としては、いずれも「故事説話絵」に収まるものである。

こうした範囲からはみ出す唯一の例外が「蟹が坂」（図21）であり、地名の由来として左下に大蟹を描く、やや特殊な絵といえる（〔　〕内は二行割。以下同）。

蟹が坂

世伝云、昔この谷に大なる蟹あり妖をなして人を損ず。旅僧これに会て仏経を説き偽てこれを打殺しその塚を築く云々。

或云、昔この谷は山賊埋伏して鬼魅妖怪を企なし、人を威て物を奪ふ。賊を名て蟹といひけり。世に横行する者なればなり〔日本紀ニ土蜘蛛と書しは即賊の事也。是ニ同ジ〕。（巻二）

伝承としては昔ここに大蟹がいて人に害を加えていたが、僧がこれを退治した、というもので、右に引用した本文では、横行する賊を蟹と呼んだという別の説も同時に紹介されているものの、絵としては前者のほうを対象に描いている。

2　『播州名所巡覧図会』について

1で検証した『伊勢参宮名所図会』の凡例は、つづく⑨『播州名所巡覧図会』（文化元年刊）にも、ほぼ同文として踏襲されている。▲

つづく⑨……　永野仁氏が『近江名所図会』「解説」（『日本名所風俗図会』一一 近畿の巻一、角川書店、一九八一年所収）において『伊勢参宮名所図会』の凡例と酷似していることを指摘している。

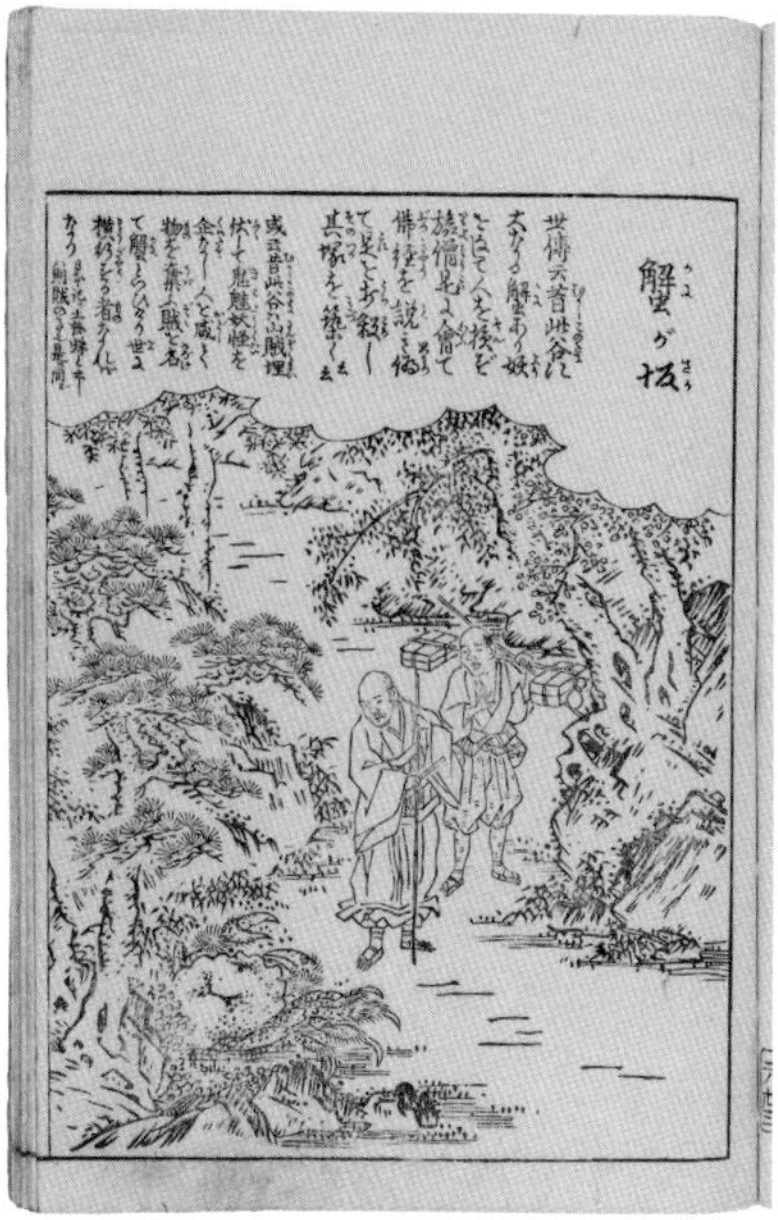

図21　『伊勢参宮名所図会』巻二・蟹が坂の蟹

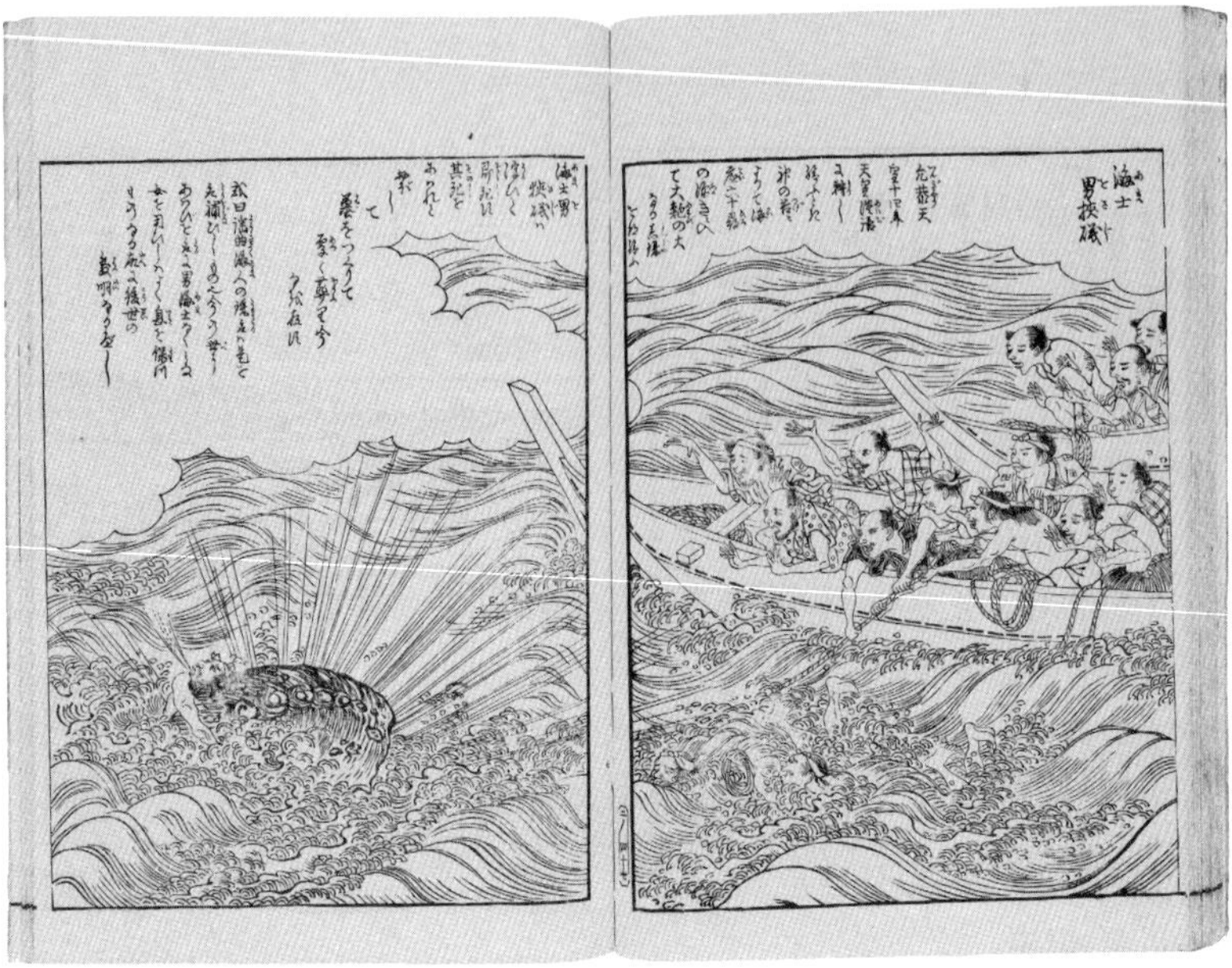

図22 『播州名所巡覧図会』巻二・海士男狭磯

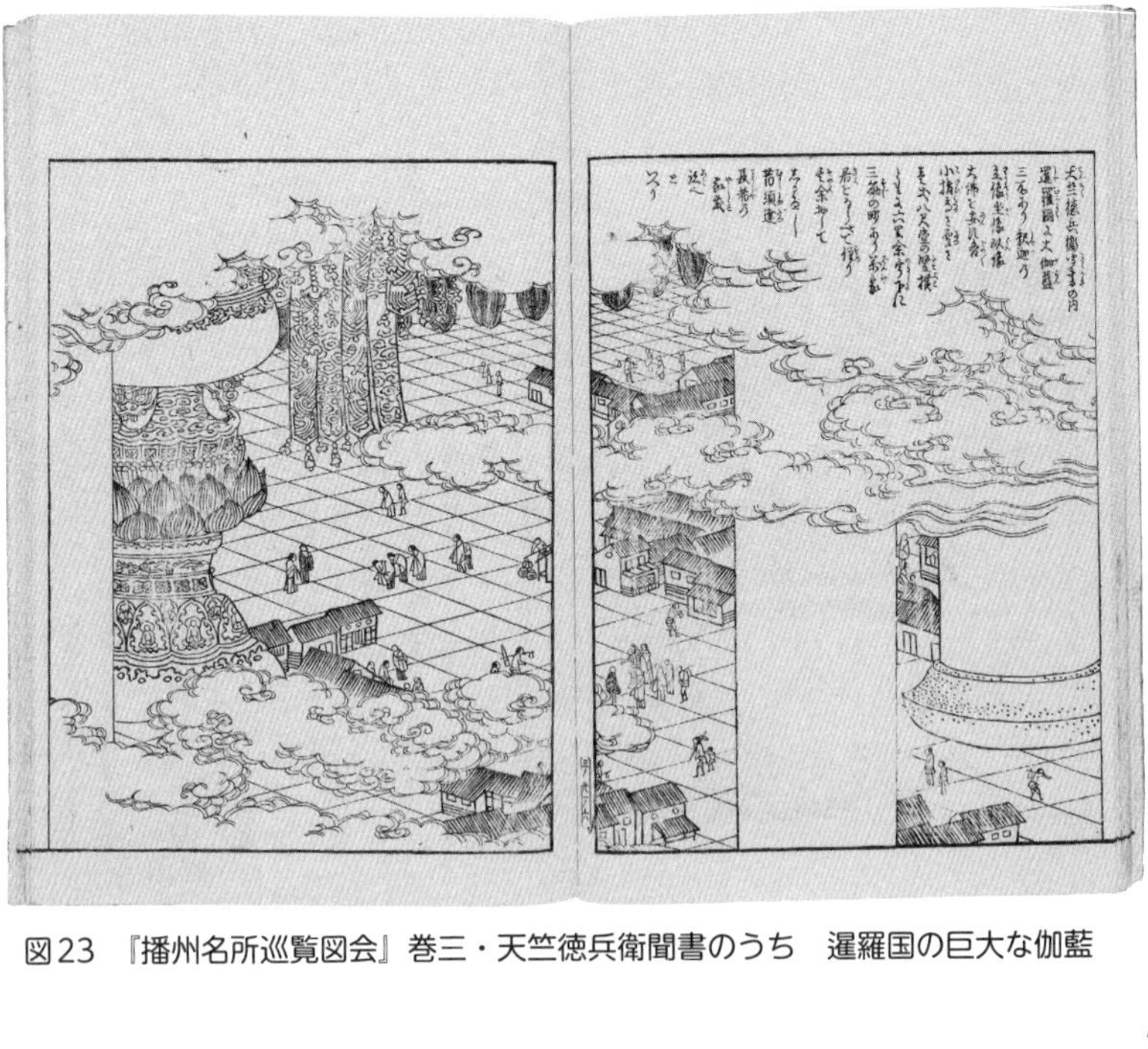

図23 『播州名所巡覧図会』巻三・天竺徳兵衛聞書のうち　暹羅国の巨大な伽藍

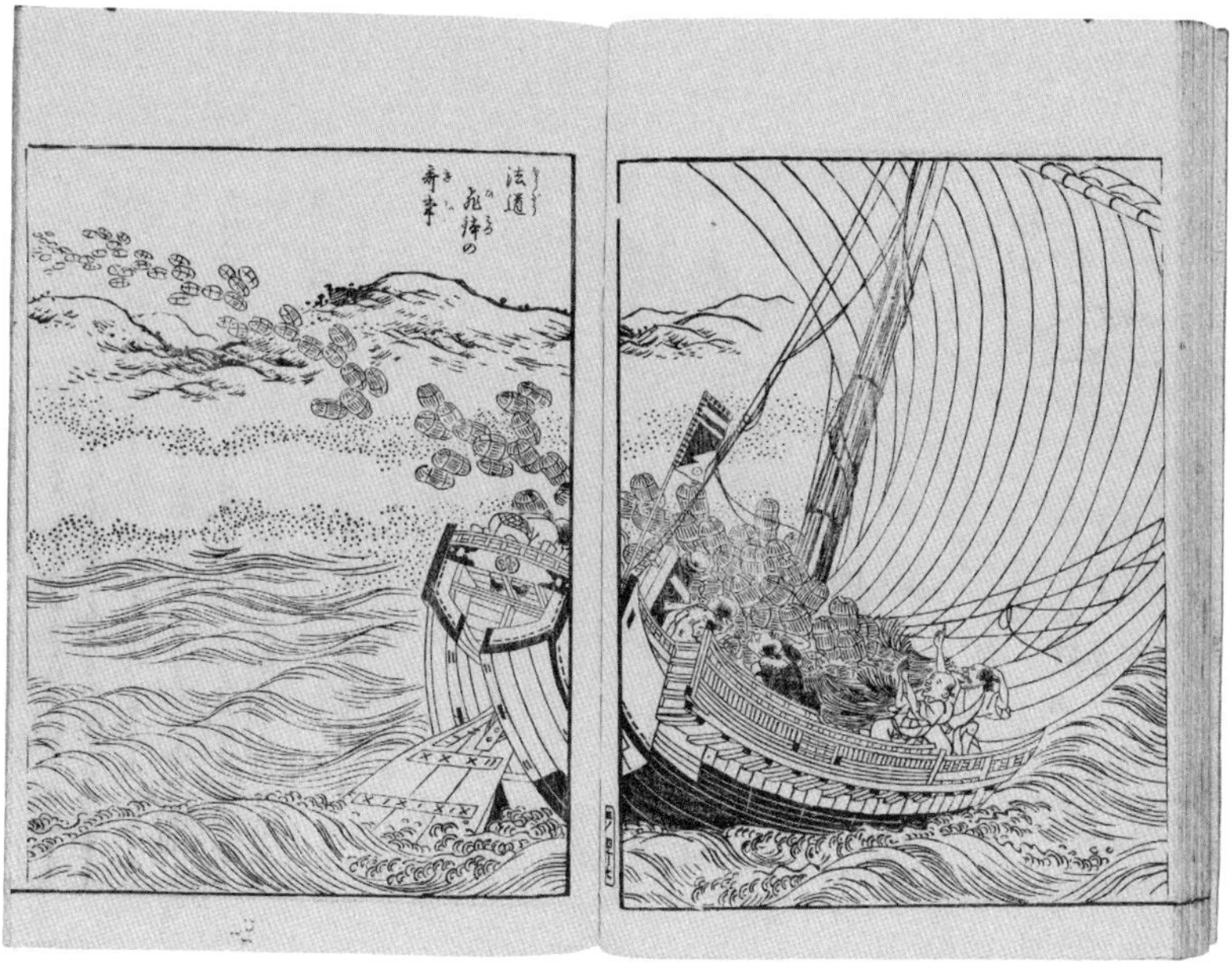

図24　『播州名所巡覧図会』巻三・法道飛鉢の奇事

一　寺社幷名所古説等の迂怪奇僻は共に実否を糺し、妄説に似たるはこれを窃闕《せつけつ》す。ただし古書印板に載る怪談、流俗《いひならはし》の夜話、仏説等は姑《しばら》くしたがひ、又図して一興に備ふ［ママ］者あり。

一　仏刹の縁起又は仏像の出現等はわざとその原《もと》を怪しくせんが為に、多くは漁人の網に引上し等の類、十に七、八は除きて記さず。

以下に前節と同様、この凡例に対応する絵を掲げておく。

図22　海士男狭磯《あまをさじ》　神のお告げにより大鮑から真珠を得ながらも命を落とした海士の奇事を描く。（巻二）

図23　天竺徳兵衛聞書のうち　暹羅《しやむ》国にあるという巨大な伽藍の図。（巻三）

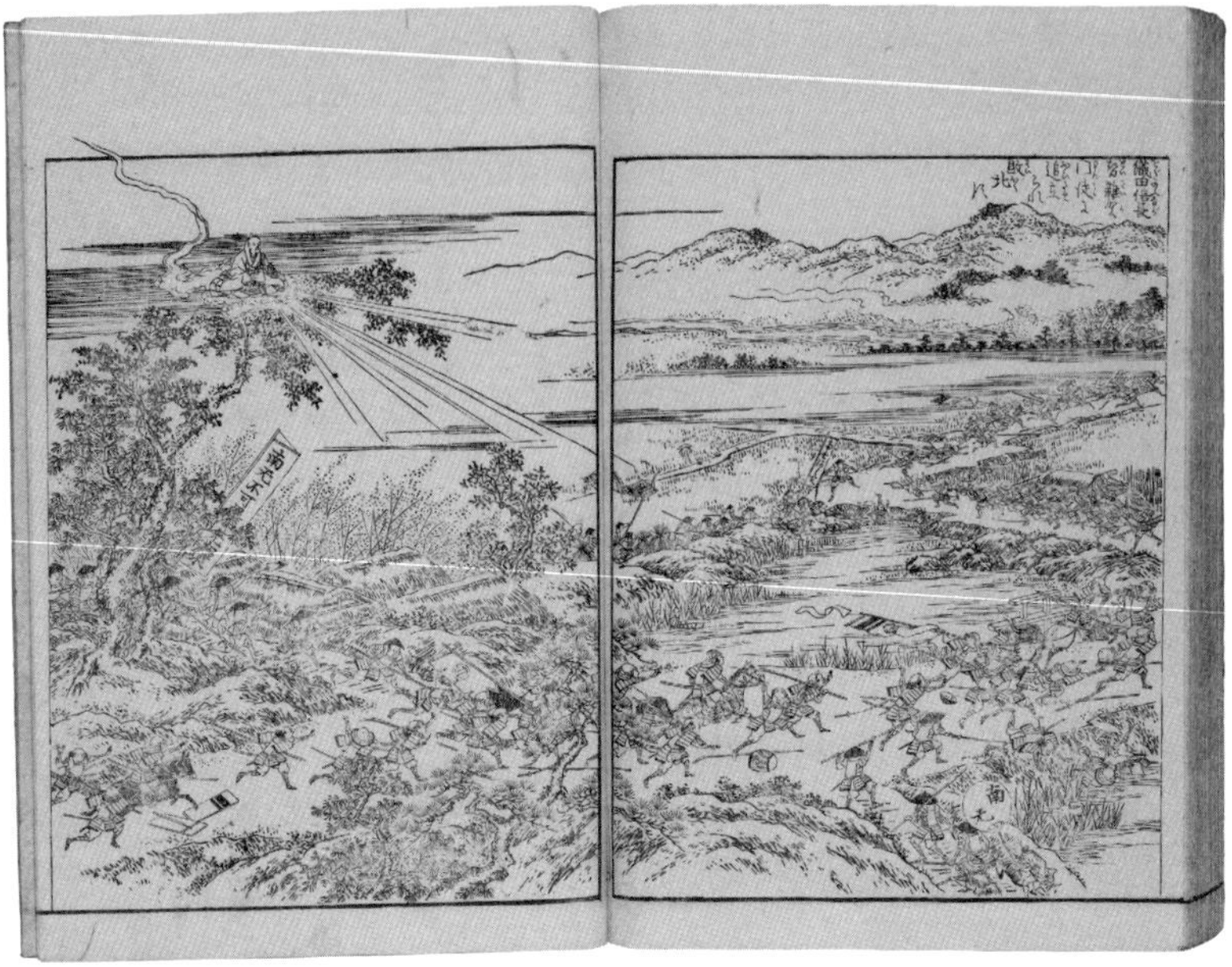

図25　『紀伊国名所図会』巻一・雑賀衆が織田勢を追いたてる

図24　法道飛鉢の奇事　法道仙人が、鉢を飛ばして米を乞うも拒まれ、税として徴収された米俵を空中に飛ばす場面だが、『信貴山縁起絵巻』を彷彿とさせるユニークな構図となっている。（巻三）

3　『紀伊国名所図会』について

最後に、⑫『紀伊国名所図会』について触れるが、まず初編（文化八年刊）凡例より一部を引用する。

一　図中間々《まゝ》人物の大図を出すものはその地に関係る怪談、奇話、仏説等の往々古書にみえたるを交引て児童の欠伸を慰せんが為なり。
一　［略］神祠仏刹の起立は社司寺僧の記する所または里老田夫の伝る所までその実なるを撰てこれを挙ぐ。もしその妄談もつて凡俗を強ひ奇怪もつて愚昧を迷はすがごときは曾《かつ》てこれを取ことな

図26　『紀伊国名所図会』巻一・小躍りする鷺森御坊の雑賀衆

し。こゝをもつて神体の空中に飛行し仏像の海中に出現せる類ひ十にして七八を省けり。

この凡例も、やはり『伊勢参宮名所図会』を踏襲していることは一目瞭然であるが、『紀伊国名所図会』にはとりわけ、挿絵に目を引くものが多くある。

巻一「織田信長勢、雑賀《さいか》門徒に追ひ立てられ敗北す」（図25）は、天正十年（一五八二）六月に信長の命によって丹羽長秀に攻め込まれた雑賀衆が、鈴木孫市《まごいち》の奮戦により窮地を脱し、一時的に勝利を得るという場面。この左上の空中を飛行する上人の説明は絵にも本文にもないが、連続する次の挿絵（図26）を見ると「其二」とあり、上部のフキダシがつながることにより、この出所が、雑賀衆の拠点であった鷺森御坊の堂内であることが分かるという仕掛けとなっている。「其二」の挿絵は、翌六月三日、完全に包囲され進退窮まった雑賀衆のもとに本能寺の変の報が入り、一堂

図27　『紀伊国名所図会』巻六・根来寺を消火する神龍と神童

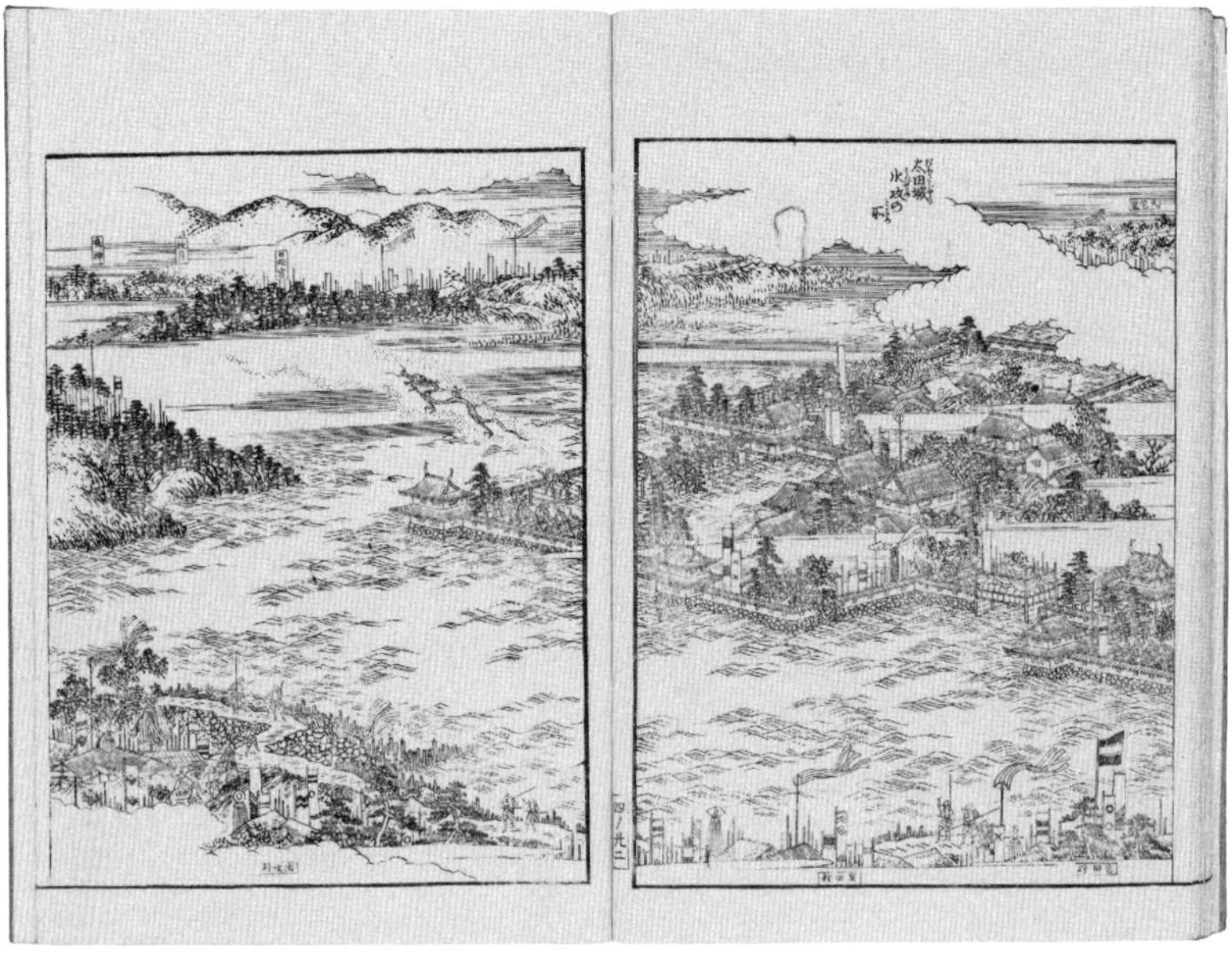

図28　『紀伊国名所図会』巻四・太田城水攻め

小躍りするという場面で、時間的には一日分のズレがあるものの、空間として丁をまたいで連続させることにより、先の上人が高祖・親鸞であり、その力を象徴的に現そうとしていることが読みとれる。

また、巻六の挿絵（図27）は、天正十三年三月に根来寺が秀吉によって焼き尽くされた時のもので、そこに神龍と神童が現れ火を消すという劇的な構図となっているが、本文ではただ「一時《いちじ》に灰燼《かいじん》となりぬ」と伝えるばかりである。

さらに、巻四の太田城水攻めの図（図28）は、先の根来寺焼却の直後の戦《いくさ》で、これにより紀州の雑賀衆・根来衆は大打撃を受けるわけだが、本文には「不思議なるかな［略］申の刻ばかりに森の中より一つの小《こ》蛇《へび》あらはれて北をさして水面を走り」、酉の刻ぐらいに泳ぎ尽くした所の堤《つつみ》が切れて少し水かさが減ったが、それも焼け石に水のようなもので、結局攻略されたことを伝える。これに対し絵では「小蛇」が龍として描かれ、本文から受ける印象をかなり膨らませた図となっている。

これら一連の絵や記事は、『絵本太閤記』や『絵本拾遺信長記』の絶版▲からそれほど時が経っていな

『絵本太閤記』や『絵本拾遺信長記』の絶版　『絵本太閤記』は文化元年（一八〇四）に絶版となり、『絵本拾遺信長記』もその余波で同年に絶版となった。

図29　『紀伊国名所図会』巻二・津守国基の玉出島の霊夢

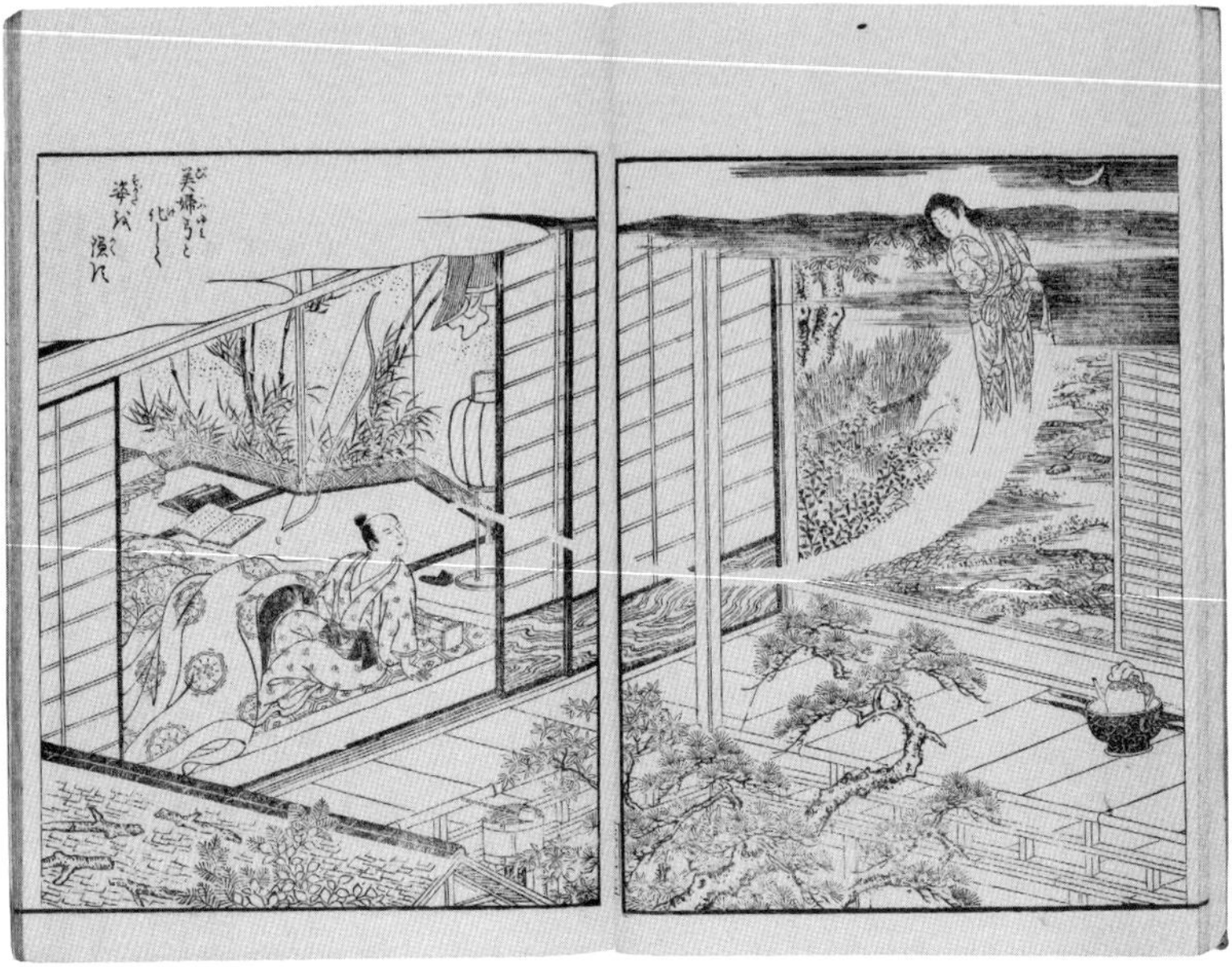

図30　『紀伊国名所図会』巻四・美婦、弓と化して姿を隠す

い時期のものとしては、かなり思いきったものと言えるのかもしれない。身も蓋もない言い方をすれば、紀州側からすれば大局的には敗北の記録にほかならないわけだが、雑賀衆、根来衆の抵抗の姿を、絵の力によって象徴化を交えつつ劇的に描こうとする意図がひしひしと感じられる。

また、『紀伊国名所図会』にもやはり説話などにもとづく故事の絵（図29）があるが、たとえば図30の『今昔物語集』の絵などは、風俗も江戸時代風になっており、より小説の挿絵、具体的には同時代の読本のような雰囲気に近づいている。

このことは、絵を担当したのが、図会ものも含め読本の挿絵も手がける西村中和《にしむらちゅうわ》▲であったことにも起因すると考えられるが、中和は籬島の『木曾路名所図会』や『都林泉名勝図会』なども担当しており、それらの絵にはこれほど顕著な特徴は認められないので、やはり『紀伊国名所図会』が本来的に有する志向と理解し

図31　『紀伊国名所図会』巻六・美男と化し桂女を奪う大蛇

ておきたい。

なお、龍が名所図会の絵に比較的描かれる機会が多いのは、日本において神仏両面に支えられる宗教性を帯びたイメージをともなっており、先行する絵巻物などにおいても同様の傾向が認められることからして、故事や説話を多く含む名所図会にとっては自然なことなのかもしれない。また、視覚的には大本の挿絵のなかに配置するモチーフとして描き甲斐があった、という要素も可能性としては十分に考えられる。

最後になるが、巻六下「住持いけの大蛇、美男と化し桂女をうばひ水中にいる」は、この地に古くから伝わるという口碑であり、凡例からも逸脱し、従来の名所図会からはかなり乖離したもので、絵も物語の挿絵のような図（図31）となっている。この絵などを見ると、一連の籬島の名所図会からは相当距離があることを感じざるを得ない。

この系統の絵が質量ともに過剰になると名所図会の

西村中和　京都の絵師。生没年未詳。画業は寛政期から文政期にかけ、読本・図会ものの挿絵を多く手がけている。字は士達、号は梅渓・楳渓。

魅力を損なうことにもなりかねないが、「人物の大図」にアクセントをつけるものとして一部にこうした試みも行われつつあったことは、名所図会の史的展開を考えるうえでも興味深い。

以上、二、三章で考察してきたことをまとめると、籬島が手がけた名所図会は、従来の地誌がもっていた実証性を損なうことのないよう配慮しつつ、絵には断り書きを入れながら、ある一定の範囲内で実説とは認められないものも描いていることが分かる。この態度は、同時代的に見ると、啓蒙と娯楽のバランスがとれた常識的なものであったと考えられよう。

かたや籬島以外の名所図会は、基本的にその姿勢を踏襲しながらも、特に絵において、徐々にそこから逸脱していこうとする傾向が認められる。

総じて名所図会の挿絵というのは、俯瞰図や風俗図といった当代性に加え、故事絵や歴史画など、過去をさかのぼることもあり、また本書では触れられなかったが、徐々にモノを詳しく図説するようにもなっており、名所図会は、大きな画面を有するがゆえにかなり色々な要素を盛り込める、総合的な図録として機能するジャンルを横断する可能性を次第に有していったことがうかがわれるのである。

四▶諸国奇談ものの〈奇〉

1　諸国奇談ものブーム

　諸国奇談ものとは、寛政七年（一七九五）から刊行された橘南谿の『東遊記』、『西遊記』をきっかけとし、寛政年間の後期から文化期にかけて出版された一群の書物を指す。とはいえ厳密に学術的な定義がなされているわけではなく、「諸国奇談」という角書《つのが》きをもつ『東西遊記』に、タイトル、内容、体裁など何らかの点で影響を受けていることがかろうじての共通点といえる。

『東西遊記』は、南谿が訪れた先のさまざまな土地で、とりわけ奇に感じたものを記録した書といえ、筆者は以前、この書の画期性を次のように論じたことがある。

　十八世紀の怪談・奇談の虚実は、人間の認識の内外いずれにあるか、もしくは体験を踏まえているか否かといったように、あくまで判断する主体は人間であった。しかし、『東西遊記』を支えているのは、まず世界という客体があり、そこに人間がいまだ知らない領域に踏み込んでいく（いっている）という感覚であり、これは理性というより、知見の広がりによってもたらされるものである。もちろん、両者に厳密な線引きはできず、各々重なる部分はあるが、『東西遊記』は、ものの見方そのものが従来の怪談・奇談と異なるばかりでなく、拡張している点にこそ新しさがある。

（前掲「寛政・享和期における知と奇の位相」）

ここに付け加えるならば、この書が提供する情報のみならず、奇を尊ぶ精神やまなざしといった作者の姿勢そのものが、人々に強い影響を与えたのではないかと考えている。

たとえば、『東遊記』巻三「蜃気楼」では、その現象をかねてから聞いていた南谿は、富山の魚津に、それが現れる三、四月まで逗留して見るべきだと人から勧められるも、「余も又年頃の望なりしかど、富山にありし頃は正月、二月なれば、それより三、四月まで越中に逗留せん事あまり永々しければ、残念なりしかども見ずして越後にこえ」たところ、松山茂叔《もしゆく》から糸魚川においても同様の現象があることを知る。それを踏まえ、入海《いりうみ》でありながら蜃気楼が起こる魚津は珍しく、その理由を「海中より蒸登《むしのぼ》る陽気向うの山に映じて、色々の形を見るなり」と分析し（実際は「向うの山」がスクリーンの役割を果たすというような、地形の影響によるとの確証はなく、もっと複雑な気候条件のもとで発生するとされるが、現代でもいまだに謎の部分が多い）、国内の事例をあげたうえで、「奇を好む人は三、四月の頃越中に遊びて、この楼台を見るべき事なり」と誘うのである。

右は目撃できなかった例であるが、同巻五「浮島」は、山形の歌枕で知られる大沼の移動する島々について、百井《ももい》塘雨《とうう》▲から聞いた話を書き留めている条である。当初、塘雨は僧が案内してくれたにもかかわらずそうした現象が見られなかったことを受け、「そらごと」と思い、「世に云伝うること、さてもなき事を珍しきようにいいなして人を迷わしむるは、世に多き習いなり。この池の不思議もそのたぐいなるべしと、いとほいなくて」、その晩は寝た。それでも翌日、「今日は終日《ひねもす》池に臨みてぜひその不思議をも見届けん」と待っていると、じわじわと島が動きはじめる様を目の当たりにし、「物有りて島を追い廻るがごとし。目さめ、心動きて、悦ばしさいわんかたなし」と、以下、その興奮ぶりが迫真をもって記され、途中からまるで南谿自身が実況中継しているかのような筆致なのである。

南谿にはこうした、やや書きすぎる癖がありそこに批判もあるのだが▲、読むものをしてぜひ見てみたいと思わせるだけの熱量が彼の文章には常に備わっている。

百井塘雨　?―一七九四年。『続近世崎人伝』巻二に伝があり、京都の俳人・五井と号す。豪商に生まれ、諸国を巡った。橘南谿と交流があり、『笈埃随筆《きゅうあいずいひつ》』などで知られる。

南谿には……　板坂耀子氏『江戸の紀行文』（中公新書、二〇一一年）第六章「橘南谿と奇談――『東西遊記』を読む」において、まさしくこの条についての言及があり、『笈埃随筆』にも同様の記事があることや、古川古松軒による批判などを踏まえながら、『東西遊記』には「許される程度の虚構があるにちがいない」ことを指摘する。同様のことは、同氏「奇談の世界」（『江戸を歩く――近世紀行文の世界』、葦書房、一九九三年所収）などにも指摘されている。

しかも、著者自身凡例において、「ただ、この書は旅中見聞せる事を筆のついでにしるせるものにして、強いてその事の虚実を正さず。誤りしるせる事も多かるべし」と記し、これがある程度の予防線だとしても、虚実あわせ呑む、ともいえるようなおおらかさが認められよう。その一方で、先の蜃気楼の例のように、あれこれ仮説のような形で考えることもやまない。

こうした志向を有する書がベストセラーとなったことにより、同時代の人々の「奇」をめぐる思考様式を更新し、新しい段階へと導いたのではないかと考えられるのである。

2 諸国奇談ものの諸相

さて、本題に入るが、前述のとおり諸国奇談ものといっても名所図会のように様式として一定しているわけではなく、各書それぞれ特性に偏りがある。ここでは、近藤瑞木氏「怪談物読本の展開」（第一章前掲）が諸国奇談ものとしてあげる十点▲のなかから、比較的地誌的要素を多く有する六点をとりあげることにする。いずれも版本、しかも半紙本であること、諸国を対象とした奇談を含むことは共通項としてあげられるものの、成立過程はそれぞれに異なっている。▲以下、一点

諸国奇談ものとしてあげる十点　以下で扱わない他の四点は、勢州山人『〔諸国奇談〕北遊記』（寛政九年刊、改題本）、建部綾足『漫遊記』（寛政十年刊）、華誘居士『遠山奇談』（前編寛政十年刊、後編享和元年刊）、秋里籬島『赤ぼしさうし』（文化七年刊）。

いずれも……　浜田泰彦氏「書名「奇談」素描――文事領域拡大の原動力」(『語文』一一六・一一七合併号、二〇二二年)が、明和九年刊行『大増書籍目録』以降の書籍目録の不在を補うべく、右の書「以降に刊行または成立をみた」版本・写本のうち、「書名に「奇談」を有する書物群の分類(案)」として「①『英草紙』系統の諸作品、②地理案内を含む地方説話集、③巷説を主内容とする実録系写本」に分類・整理している。氏はこの②をめぐって、諸国奇談ものを論じており、本書の興味・関心とも重なる点がありぜひ参照されたいが、全体的な史的把握の問題意識が異なることもあり、ここでは紹介するにとどめる。

一点を詳述することは避け、主に三つの注目すべき要素を設定することにより、要点の整理を試みたい。

一つ目は、物語的要素の度合いであり、具体的にいうと、記述のなかに登場人物が出てきて展開する要素がどれだけあるか、という点である。二つ目は、博学的な要素の有無。三つ目は、地誌的要素の濃淡。以上の三点に注目したい。なお、紀行か否かという点はあえて外し、挿絵については、多分に本屋側の関与も色濃く反映されているので、参考程度の言及にとどめ、各書一図ずつ掲げることにする。

以下、具体的な話の例示は最小限にとどめ、かなり大づかみな目安となるよう記述していくことにする。

①寛政十一年(一七九九)刊『〔諸国〕奇遊談』(川口好和著)

半紙本三巻四冊、京都・銭屋庄兵衛単独版。

山城国に範囲を限定した書で、同国内の堂、碑、石塔、銘といった古物の来歴や習俗などについて考証を加える点に特色があり、巻三下「堀川老人上レ天《てんにのぼる》」に「伊勢、近江の部にくはしくのすべきなれば、こゝにもらしつ」とあることから、他国についても構想があったと見られるが、出版には至らなかったようである。

序文や本文には、「かくれたる名所」（羽倉信美《はくらのぶよし》の序）、「［本尊諸仏・楠正成花押などは］世にある名所記等にくはしければもらしつ」（巻二「笠置の石浮屠《せきとうば》」）などの文言が記され、すでに知られる名所とは異なるものを提示しようとしていることがうかがえる。また、巻三下「嵐山焼米石《しょうべいせき》」に若年時、物産者・斎藤東渓▲（憲純）とともに石を得たことが記され、奇石についての次のような記述も含まれている。

嵐山焼米石

嵯峨嵐山のうへ十八丁に、永正四年細川右京大夫政元が家人・香西又六《かさいまたろく》逆心し、こゝに城を設し。ほどなく香西又六亡《ほろび》しなり。こゝにその軍《いくさ》せしときにおきし兵糧米の焼うせしが、年へて石に化せしものあり。諸国ともに古き城跡にはまゝ焼米石・焼麦《ばく》石出ることなり。予も十五、六歳の頃、物産者斎藤東渓とともに、嵐山の花の頃こゝにいたりさぐりもとめ得しなり。薬品に用ひて奇効あり。用ひ試たることなり。山下の大井川に木化石ありて、好事のともがら拾ひもてり。このわたり化石の産所なるべし。天竜寺の後山に石炭あり。

このことに象徴されるように、全体として博物学的、考証学的な筆致で記され、

斎藤東渓　生没年未詳。京都の本草家であり、稲生若水門。

山本和明氏「諸国奇談集の一側面」『江戸文学』二八、二〇〇三年。

板坂耀子氏「翻刻『諸国奇談東遊奇談』」『雅俗』八、二〇〇一年。

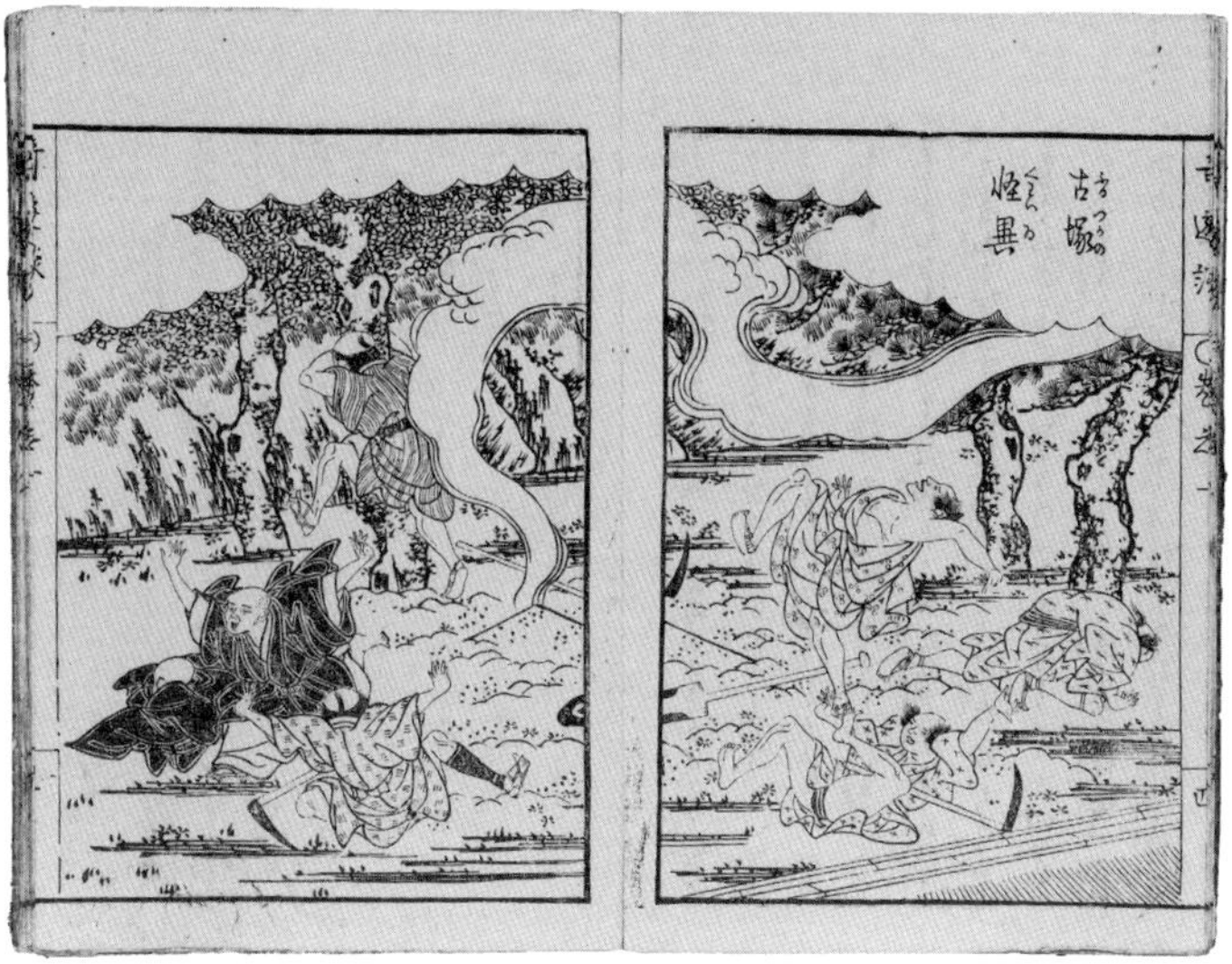

図32　『〔諸国〕奇遊談』巻一・古塚の怪異

物語的な要素はほぼ皆無である。また、『山州名跡志』、『山城志』、『職人尽歌合』、『古今著聞集』をはじめ、諸書を博捜するのも特徴の一つである。挿絵は全体として名所図会に近い穏当なものだが、なかには「古塚怪異」（図32）のように読本風のものもある。

②享和元年（一八〇一）刊『東遊奇談』（一無散人著）

半紙本五巻五冊、京都・八幡屋金七ほか、全四書肆版。

東国（一部畿内も含む）を中心とした著者の見聞を短くまとめ、全五十二話として立項したもので、山本和明氏「諸国奇談集の一側面」によれば、著者は「近世中興期に活躍した京都の俳人、岸丈三」であるとのこと。序は南谿が寄せており、『東西遊記』を相当に意識したさまがうかがえるものの、板坂耀子氏「翻刻『諸国奇談東遊奇談』」は、「序文の内容から判断するなら、『東西遊記』で著名になった南谿に、書肆が同種の内容の奇談集の序を依頼したもので、南谿自身はこの作者と交遊はなかったと考える」とする。さらに氏は「作者がまったく登場しないものが三十二話、作者の体験が中心

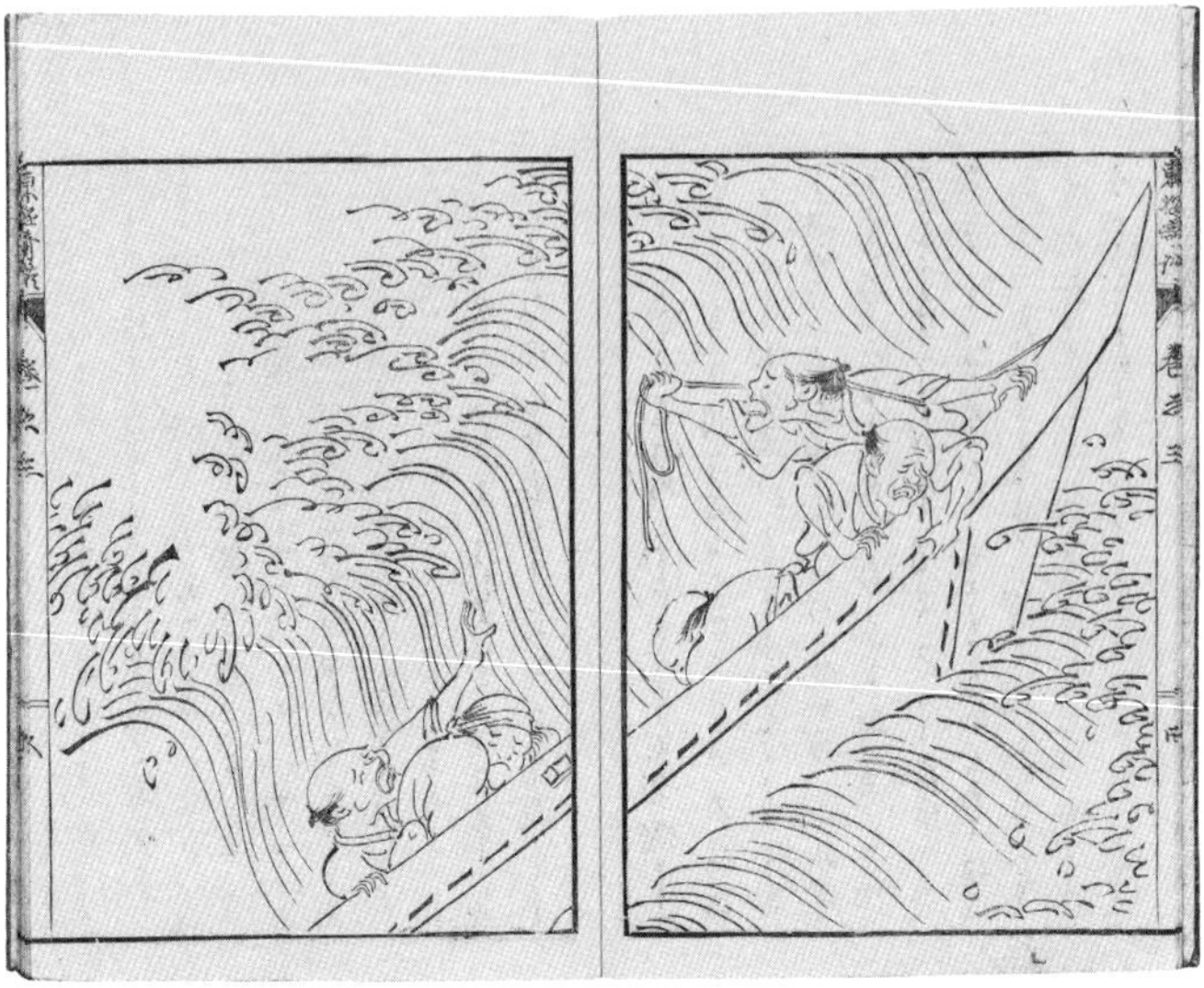

図33　『東遊奇談』巻三・平潟遊里

となるものが十二話、作者が聞き手としてのみなど、わずかに登場するものが九話」と分類し、話に「未整理な点があり、これも南谿の紀行が持つ論旨の明確さや構成の正確さとは異なる」とも指摘している。いずれも首肯すべき見解である。挿絵は人物を中心に描き、各土地の特色を出したものは少ない（掲出した図33は巻三「平潟遊里」）。

③享和二年（一八〇二）刊『諸国便覧』（夾撞《きようどう》散人著）

半紙本五巻五冊、京都・鉛屋安兵衛ほか、全三書肆版。

山城、近江、摂津、志摩を中心に、丹波、丹後、播磨、若狭、越後、伊賀、石見の畿内近辺から西国にかけて、各地の古蹟にまつわる伝承や珍しい事物について記す。とりわけ、寺社（巻一「祇《ぎ》園神《をんかみ》の木」など）、塚や塔（巻二「人丸塚《ひとまるつか》の奇異」、巻四「下坂《しもさか》の石塔」など）、動植物（巻四「岩名《いはな》魚《うを》」、巻二「西院《さい》の榎《えのき》」、巻五「おもしろの松」など）といったモノが各項目の題となっている。ただし、由来譚など一部の話には物語的要素が認められ、旧来の奇談集と重なる要素もあるものの、怪異を描くことを第一義としてはいない。一例をあげると、巻五

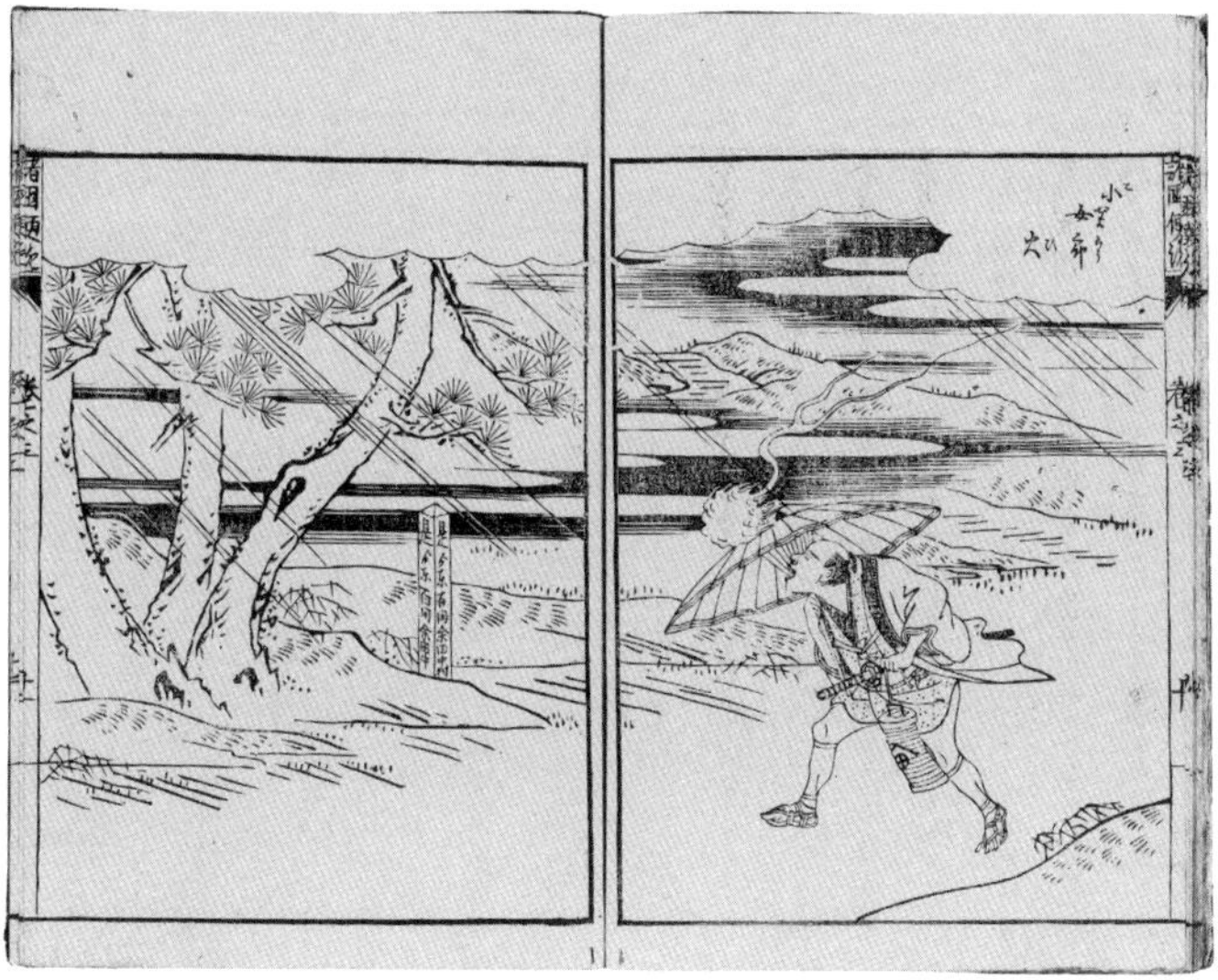

図34 『諸国便覧』巻三・小女郎火

「淀川《よどかは》の河童《がはたらう》」は、城州伏見の和田某が淀川にて河童に引き入れられそうになるものの刀で河童の手を切る。その後、河童の数夜にわたる懇願にもかかわらず手を返さずにいると、「我《われ》この讐《あだ》に汝《なんぢ》七世が間貧窮《ひんきう》なさしめん」と恨まれるが、特に祟りはなくその手は今も和田家に伝わるというもので、物語的な要素はあるもののいわゆる怪談とは異なっている。著者については未詳。挿絵（図34）はやはり読本風である。

④文化三年（一八〇六）刊『周遊奇談』（昌東舎真風著）

半紙本五巻五冊、江戸・白屋忠七ほか、京・大坂全五書肆版。

二十九ヶ国にわたる奇談集だが、「その実、山城が九話、大和が二話と、畿内に話が集中している」（伊藤龍平氏「翻刻『諸国周遊奇談』（上）」「解題▲」）と指摘されている。明記されてはいないものの、巻一は神祇、巻二は釈教、という構成を有するのが特色であり、伊藤氏は「但書や割註の多い本書の文章は、考証随筆に通ずる趣があり、書物を駆使した註釈も目につく」とするが、記される引書は

伊藤龍平氏「翻刻『諸国周遊奇談』（上）」「解題」『国学院大学近世文学会会報』一四、二〇〇八年。

図35　『周遊奇談』巻五・八頭蛇の図

『古事記』『日本書紀』『万葉集』『延喜式』が中心（凡例にもその旨あり）で、とりわけ古代の記録を引こうとする意図が鮮明である。一部に物語的要素も認められ、巻五「八頭蛇《やつがしらへび》住《すむ》杜林《もり》の事」は、石見国岩屋村の百姓勘兵衛が八ツ面という畑を耕していた折、八頭の蛇に遭遇、驚いて逃げ帰り熱にうなされるが快復した。ここでは昔から同様の目撃例があるとし、その後は神としての蛇について考証が加えられている。挿絵（図35）は典型的な読本風である。

⑤文化四年（一八〇七）刊『北国奇談巡杖記』（鳥翠台北茎《ちょうすいだいほっけい》著）半紙本五巻五冊、京都・近江屋仙助ほか、大坂・江戸・洞津全八書肆版。

俳人である著者が、俳諧修行のため巡行中に見聞した奇談・古伝を二十年にわたって書きとめたもの（『日本古典文学大辞典』、岩波書店、当該項、板坂耀子氏執筆）で、巻一「加賀国之部」以下、巻二「越中」、巻三「能登」、巻四「越後」、巻五「佐渡」と、「北国奇談」の名のとおりいまの北陸地方を対象としている。物語的要素はあるが、登場人物の発話形

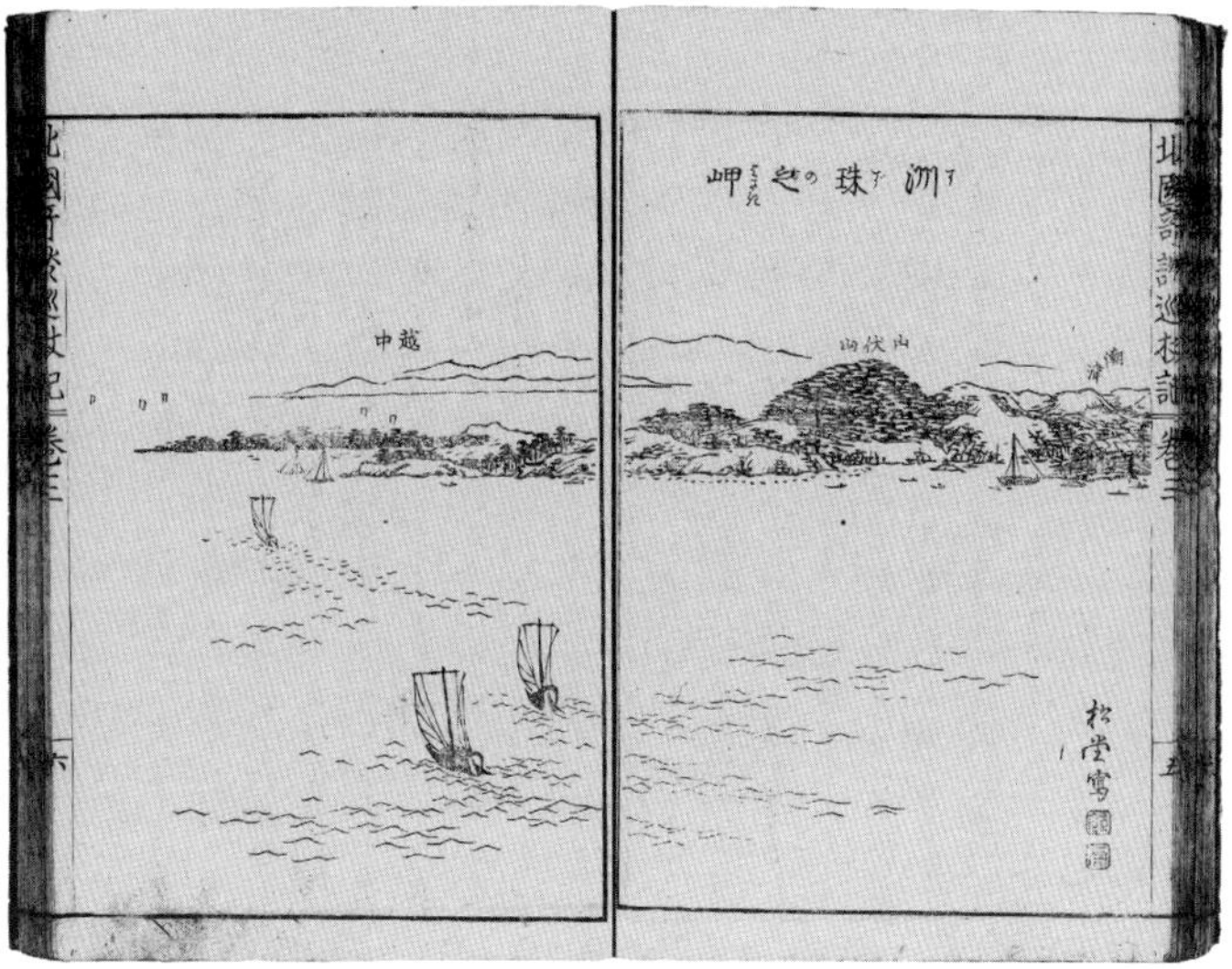

図36 『北国奇談巡杖記』巻三・珠洲の岬

式としては描かれず、たとえば巻三「和野の怪事」は、能登和野村の権七という者の家で、雪が降り積もる折に囲炉裏で鍋の支度をしていると、家鳴りとともに上から「顒山《げうさん》なる手」(仰山、という意か)が伸びてきて鍋を奪っていくので、一家皆外へ逃げ出す。家に戻ろうとしても砂石が飛んできて邪魔され、ようやく家に戻ると空の鍋があるのみ。こうしたことが何度か続いたが、あらかじめ対策して被害を逃れ、それ以降は何事もなく、「いかなることにや、いまだ不審に侍るとある人語らひ侍る」と淡々とした筆致で記される。もう一例をあげると、巻一「九人橋の奇事」は、金沢の味噌倉町に十人で渡っても水に映る影は九人となる不思議な橋があることを紹介するもので、「いかなる妖怪のなせることにや」、あるいは「少し広みたるところなれば地気陰なるゆゑに、度の欠たる故にや。考ふるにいまだ不審はれず」と、おおよそこのような調子で、それぞれの土地にまつわる事物にちなんだ不思議なことや由来が綴られる。全体としてはそれほど怪異に偏ったものではなく、文体は名所図会に近い。ちなみに、巻一冒頭の「菊酒の故実」は『周遊奇

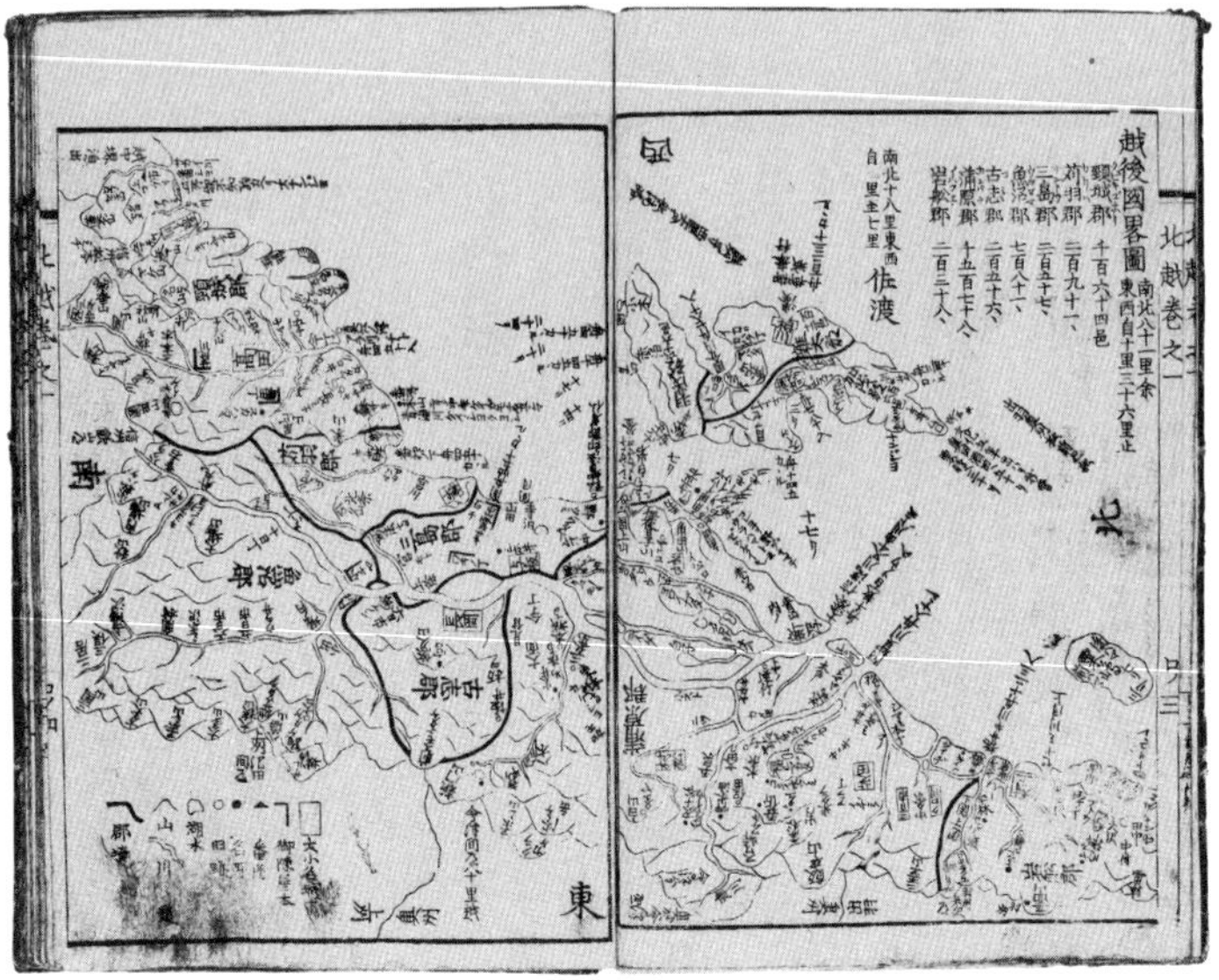

図37　『北越奇談』巻一・越後国略図

談』巻三「加賀の菊酒本説の事」と同内容だが、おそらく取材源を同じくするのみで、両者に影響関係は読みとれない。村上松堂による挿絵（図36）は風景や事物を中心とし、読本風とは一線を画する。

⑥文化九年（一八一二）刊『北越奇談』（橘崑崙著）

半紙本六巻六冊、江戸・西村与八単独版。

北越（現在の新潟）を対象として、巻一冒頭に「およそ諸国遊歴の客、名所古跡を探んとするの志ある人は必ずまづその国の地理を知らずんばあるべからず。［略］こゝにおゐて今北越二十三の勝所をあげて風遊の子にたよりするものなり」とし、二丁分を略図・地名紹介（図37）に費やす。巻一は「龍蛇」、巻二は七奇（七不思議）の改定をめぐるもの、巻三「玉石」の項目には博物学的要素が、巻四、五の「怪談」には当然物語的な要素が認められる。最終巻である巻六「人物」には、名僧や孝子についての挿話が記されている。

分量的に最も多くの丁が割かれる「怪談」については、凡例にその掲載理由が明記されている。

一　怪談は君子の憎む所なりといへども、近世の風俗文事ははなはださかんにして、聖語は已《すで》に童牧の口号たり、仏説はすなはち婦女の舌弄となれり。こゝにおゐて朋友の茶話、対賓の談笑動《やゝも》すればその頭《かうべ》をまじへんとす。嗚呼、我等《わがとう》の下愚黙して退くに無由《よしなし》。しかればかの怪談妄説も時あつて又一助なきことなからんやと。これ予がこの戯作をあらはすの素意なり。読人あやしみたまふことなかれ。

一　奇事怪説人々に記し家々に論ずる所数十百章に至れば、予が目のあたり見聞たるの余《よ》は、十にして一、二取て三写のあやまり無《なき》にしもあらざるべし。

ここからは、怪談が人々の話の種となっていたことがうかがわれ、またその取材源は、自身の見聞の他、書かれた物に取材したものもあったようである。巻四のほうはいずれも年代、地名、人物名などをかなり具体的に記そうとする傾向があり、古いものでは宝暦に発生したという船の遭難から一命をとりとめた人の聞書き（「其七」、ただし聞いたのは寛政五年とある）、新しいものではごく近時の文化元年に至る（「其十三」）。

巻五に入ると少し趣が変わり、前巻に比して報道性が弱まり、全体として説話的にまとめられているものが多い。うち、著者の怪異観がうかがわれる話があるので紹介しよう。ある村の兄弟が農閑期に東国へ奉公に行くものの、弟が病に伏し帰国できなくなった。そこで兄は弟が癒えるまで東国の知人に看病を任せ、同郷の友と帰るのだが、家に到着する日にどこからともなく赤い馬が付かず離れず彼らに付き従い、帰宅すると馬は家内に飛び入る。待っていた家族は驚き、弟の不在を問われ事情を語ると、「赤馬の怪、必ず弟死せるならん」と急いで東国に人を遣わしたところ、弟は快復してその人と無事帰国した、というものである（「其十」）。そして、この話の末尾には次のような一節が書き加えられている。

> およそ近世流行の戯作復讐もの数百編、ことごとく死霊の怪なきはあらず。又古より幽霊の話は多くあることなれども信じがたきことのみおほし。豈陰鬼陽人に向て形を顕し、よく言語することを得んや。ここにおいて予これをとらず。ただ目のあたり見聞たる生魂夢遊の話のみを記せり。

崑崙としては、あくまで幽霊譚はとらないことを信条としていたようだが、巻四「其八」には自身の体験談として、梅雨に橋が落ちてしまい代用として卒塔婆を

蚌珠　真珠のこと。

井沢蟠龍　一六六八―一七三〇年。熊本藩士にして神道家。その学は神道にとどまらず、博学にして多くの啓蒙的著作がある。

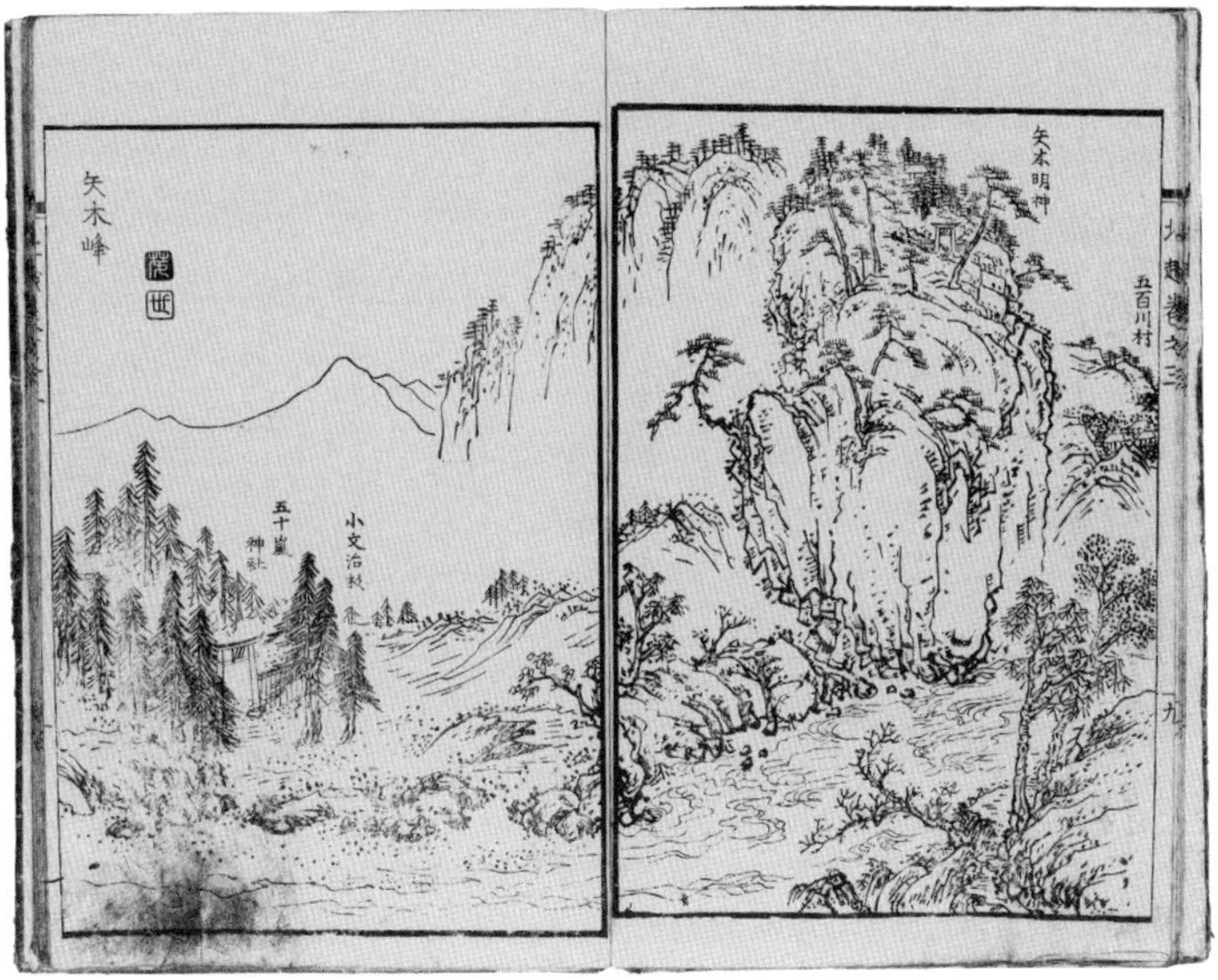

図38 『北越奇談』巻三・矢木峰

拝借し、その際「明日かならず洗ひ清めてかへすべきぞ」と約して無事帰った。その後、卒塔婆を返すことを思い出し、墓所に行くも日が暮れてもとの場所が分からない。そこで戯れに「亡者卒塔婆を返す、受取給へ」と言うと、墓から「陰火忽然と燃上りて」抜いた跡が分かり、無事元に戻して合掌すると陰火が消え、「誠に無鬼論の説はあれども幽魂の怪かくのごとし」と結ばれる。読みようによっては幽霊譚のようにも思えるが、作者にとっては、この微妙な差違のあわいに境界線があったようである。

この『北越奇談』も多くの先行書を参照しているが、巻一冒頭話に「蚌珠照レ暗と南谿が『東遊記』にあぐるをもってこれを略す」とあり、『東遊記』後編巻二にある新潟の「蚌珠」の記事が踏まえられていることが分かる。また、巻一「其二」には、井沢蟠龍『俗説弁』に対する批判が綴られ、該書が、ことにつけ中国にすでにあるのでわが国で奇とするに足らずなどと記すことに異を唱え、むしろ逆に日本にすでにこの奇があるとすべきだとしながら、さまざまな「奇」を吟味して北越の「七奇」を選んでいる。

また、『北越奇談』は北斎が挿絵を描いたことで知られ、その印象にひきずられつい見落とされがちだが、巻三などは崑崙自身が絵を描いており（図38）、博物学的なモノの絵や、名所図会を思わせるような絵も含まれていることは注目すべきであろう。

以上、これら六点のみを見ただけでも、それぞれ特性にかなり偏りがあり、比較的地誌に近いものもあれば奇談を主としたものもあり、雑多である。ただ、いずれにせよ、奇石などを尊ぶ博物学的なまなざしは共通しているし、いわゆる幽霊が出てくるような怪談はとられない。簡単にはまとめきれないが、前代の百物語系のものとはやはり一線を画しているといえよう。そのなかで最後に触れた『北越奇談』を見ると、「北越」という一国を集中して描いている点からも地誌的要素が比較的強く、また博物学的、物語的要素がいずれも含まれているという点で、寛政・享和期のものに比べると諸要素の統合化のきざしが認められる。

3　名所図会との比較

従来、名所図会と諸国奇談はそれぞれに認識されてはきたが、ともに諸国を対象とした地誌あるいは地誌類であるという共通点に鑑みると、両者が重なる時期に版行されていることの意義やそれぞれが出版物として目指しているものの違いについて、一度は検証しておくべきと思われる。それにより、名所図会と諸国奇談がそれぞれ、十九世紀にかけての「知」と「奇」の両面において何をもたらしたのかを明らかにすることができると思われる。

そこでここでは、諸国奇談ものと名所図会との具体的な比較をしてみたいと思う。前者からは③『諸国便覧』をとりあげる。その理由は、対象とする地域が複数にわたり、名所図会と重なるからである。まずは該書で扱われている土地のうち、名所図会にも記されているものを以下に掲げてみよう。（ ）内が『諸国便覧』の項目名、記載元の名所図会の書名は略した。

巻二　近江　栗太郡（「八助稲荷の社」）
　　　播磨　人丸塚（「人丸塚の奇異」）
巻三　山城　山崎　離宮八幡宮（「離宮八幡細男」）
　　　摂津　笠森社の嫁入
　　　近江　八幡（「牧村天狗杉」）
　　　近江　遠景山総（惣）見寺（「湖水の管弦」）

摂津　池田　寿命寺（「蛇形の弁天」）
巻四　摂津　芥川（「小女郎火」）
　　　摂津　茨木　登保志（「登保志の白馬」）
巻五　近江　浄厳院の池（「同鎮守稲荷」）

『諸国便覧』は先に述べたとおり畿内を中心としているので、この地域を起点に広がりを見せていった名所図会と領域が重なるのは当然といえば当然だが、その内容、つまり記事にまで目を及ぼすと、両者が似て非なる記事で構成されていることが分かる。ここでは傍線を付した近江の総見寺を例にあげて比較してみよう。先に名所図会から、『木曾路名所図会』（文化二年刊）巻一の記事を引用する（割注は略す）。

遠景山総見寺　本尊十一面観音　三層塔　円通閣　総門の額
当山は、天正三年信長公の御建営にして、開山は剛可和尚なり。寺領は今に二百二十石余附属ありて、宝閣壮麗として清浄無垢の梵刹なり。本堂の中の額を見るに、狩野永徳が筆にして男は箕と棒を携へ蚊幮《かや》を釣たる図なり。
　信長公その讃に云く、

人はたゞ気をすぐにもてへらすてゝかせげば身をばもち上るなり今は代変はりて、香火寂寞として雲仏屋《ふつおく》を蔵めてなほ晴て暗し。樹々は禅窟に近くよりて老てさらに奇なり。月は湖を照らしてむかしにかはらずとぞしられける。

ここでは、総見寺の創建から記され、寺内の建築物や什物の紹介を中心に、簡にして要を得た客観的な描写に終始している。

一方、『諸国便覧』においては、「湖水の管弦」という題が付されている点がすでにして異なっており、次のような記事となっている。

［信長が光秀に殺された後、法号の二字を取って惣見寺とされたことを記した後］しかるに当山の北麓《きたふもと》は湖水に出たり。この辺の海上に毎年七月十六日の夜管弦の音あり。遠近《をちこち》の人々これを聞んと湖水に船を浮ぶにおよそ半道《はんみち》ばかりへだててその音あざやかなり。近くよるほどその音聞へがたく、これ何ゆへの事やらんその来由をしる人なし。

ここには寺そのものについての客観的な情報はほとんど省かれ、毎年七月十六日の夜に湖水に聞こえる管弦の音の不思議な現象が語られている。もちろん、当時の人々も当寺が信長の菩提寺であったことは承知していたであろうから、この音が信長たちの霊を示唆していることは言うまでもない。

この一例のみからも顕著なように、総じて名所図会が可能なかぎり整理された客観的な記事を読者に提供しようとするのに対し、諸国奇談は、その土地にまつわる伝承や挿話ともいえる断片を拾い上げようとする。やはりここには、各々の書が有する志向の違いがはっきり現れていると思われる。以下、やや抽象的にはなるが、ここまでの複数の事例から導き出される、名所図会、諸国奇談それぞれの違いを概観しておきたい。

名所図会と諸国奇談の相違点

名所図会は、著名な地を中心に土地の記録を網羅的に記載し、諸物の来歴・由来を記し、古典・故事の引用を通して土地にまつわる情報を定着させようとする。いわば、それらを整理し編集、配列することにより、ある種の体系化を目指すことに重きが置かれている。と同時に、現在のその土地の姿が絵図によって記されること、さらには文献に記された追認可能な記事を重視することにより、読者が歴史的にも空間的にも跡をたどれるように導いていこうとする。その意味で、名所図会が指し示す名所というのは公共性（common）がきわめて高いものといえよう。

かたや諸国奇談の場合、まがりなりにも地誌としての要素を有していたとしても、あまり知られていない、もしくは知る人ぞ知る名所を載せようとする①『〔諸国〕奇遊談』をはじめ、著者が「暇あるをり〳〵は、あまたのくにをみめぐらひ、そが中にいと興有こと、あるはあやしきことなど、何くれとなくかいつけ」ていたと大西洞竹軒の跋に記される⑤『北国奇談巡杖記』などに明らかなように、いずれも「名所」としては採り上げられない／にくい事物や土地を対象とすることを方針とし、珍しいことに価値を置いている点が共通している。まさに、uncommon である。

また諸国奇談は網羅を目指すことはなく、拡散的、断片的な記事で構成され、先に例示したように名所図会と重なる地域を扱ったとしても、関心を向ける方向性が異なっている。そこでは『東西遊記』の衣鉢を継ぐかのように信憑性に欠ける記事も許容され、地誌として捉えるにはあまりにもノイズが多い。出版史的にはいずれも『東西遊記』の当たりを受けたものであるが、全体として、まだまだ旧来の奇談集を脱しきれていない部分も認められる。それも当然のことで、『東西遊記』は足かけ七年にもわたる断続的な南谿の旅の副産物であって、収集・執筆にはそれなりの時間と労力と熱意が必要であり、決して即席にまとめられるレベルのものではない。今回見た諸国奇談のうち、⑤『北国奇談巡杖記』のように著者が年来収集・蓄積してきたものは別として、『東西遊記』出版からたかだか数年しか経ていない時期にあたるこれらの作品の多くは、南谿の水準での好奇心の強さや知の広さと深さには、そうやすやすと到達できるものではないだろう。今回俎上にあげなかった諸国奇談もののなかには、外題替などにより急ごしらえしたものも混在しており、まだまだ過渡期にあたるといえる。

奇談以上地誌未満

ジャンルと呼べるほどまとまりはない諸国奇談ものではあるが、それでも右にあげた六作品はいずれも『東西遊記』の洗礼を何らかの形で受けていることも事実であり、実際、書中にその書名をあげるものもあった。編集の面からいえば、⑤『北国奇談巡杖記』は著者の死後にまとめられたようであるが、その序文は『西遊記』にも序を寄せる伴蒿蹊▲の手により、「そこゝにありけるあやしくをかしき物がたりどもをさへつどへられたるなん、ことさらによき眠覚しにて、うちも置れず見終り侍る」と記す。ここには書肆からもとめられたリップサービスも入ってはいようが、「あやしくをかしき物がたり」という一節に、『東西遊記』と

伴蒿蹊　一七三三―一八〇六年。富家に生まれ、長じて京都に住む。国学をおさめ、和文、和歌、随筆などその文事は多岐にわたる。

の共通性が示唆されていることがうかがわれる。

また内容的には、先にも触れたように、珍しい鉱物（①の場合は碑も含む）・植物などについての本草学的な興味が強いのも一つの特徴であるし、一話ごとのハナシを物語化しようとする傾向も一部に垣間見られるものの、前代の怪談・奇談に比べると全般的に淡薄であり、総じて報告に近い筆致で書かれる傾向にある。板坂耀子氏は誇張や脚色も含めた南谿の文体を「報道文体▲」と呼んでいるが、諸国奇談にもその文体的特色は受け継がれている。

ところで、こうした記事は読者に対し、必ずしもそこへ行くことや記された現象を追体験してもらうことを目的として書かれてはいないと思われる。もちろん、なかには、そこへ行けば目撃・体験できるものもあるにはあったろうが、むしろそこに記される奇なるものたちは、文字を通してこそかろうじて読者に伝達され得る領域のものが多い。もしそこに書きつけられなければ、見過ごされあるいは知られぬままとなっていただろうし、博物学的な対象となる物も、保存、記録しようとしなければそのまま埋もれてしまいかねないものも含まれる。そうしたはかないもの、おぼろげなもの、あるいはうつろいやすいものを、なんとか文字や図に落として可視化しようとする姿勢に貫かれている点が、単なる怪談とは一線を画している。

報道文体　前掲『江戸を歩く――近世紀行文の世界』（葦書房、一九九三年）所収「さまざまな文体」。

また、第一章で見た宝暦期の地誌において、怪談・奇談があくまでも付録という枠内に限定され、やや脇に追いやられるような観があったのに対し、諸国奇談は地誌であることを第一義に置いていない分、そうした怪談・奇談が博物学的な記述と同等に並載されると同時に、旧来の怪談・奇談集のように怪異を前面に出すこともない。この点は、奇の取り扱い方が新たな段階に入りつつあることを示しているように思われる。

さらにこのことを踏まえ十九世紀の民撰地誌全体を巨視的に見た場合、相反する要素を有する名所図会と諸国奇談とが同時期に存在したことが、結果として相互補完を果たすことになり、この時期の地誌に多様性をもたらしたとみなすこともできよう。

こうした、名所図会と諸国奇談それぞれの特徴が仮にバランスよく融合したなら、それは知も吸収しながら奇も楽しめる、近世における新しい読み物となるはずであるが、十九世紀もだいぶ経過してから、そうした傾向を有する地誌が実際に現れるのである。

最後に、その実例に触れながら、本書が追ってきた問題における一つの到達点を示したいと思う。

五▶知と奇の新たなる地平

1 『信濃奇談』について

諸国奇談もの自体は文化期後半になると、前代よりは集中して出版されなくなる。その意味で、やはり前章で見た作品群はブームと呼ぶにふさわしい一過性のものであった。一方で、南谿の蒔いた種が時間をかけて根づいていったこともまたたしかで、文政期以降になると、より発展的に変化していく萌芽を見出すことができる。文政十二年（一八二九）に刊行された堀内元鎧《げんがい》著・中村元恒編の『信濃奇談』（大本二巻二冊）はその一つ、中村元恒は高藤藩儒、子の元鎧が父の語るところを筆録した書である。内容は「主として伊那郡を主とする奇談奇話を集めたもの」▲、伊那地域は信州の南側にあたる。版本ではあるが版元名などはなく私家版の可能性がある。挿絵の点数はあまり多くない。

元恒は医・儒・易を修め、その学は、「[師の阪本] 天山の古文辞学を祖述したもの」（前掲「解説」）とあることを反映して、かなり即物的な傾向が強い。

「主として……」　向山雅重氏「解説」（『庶民生活史料集成』一六、三一書房、一九七〇年所収）。

各項目は「蜜蜂」「塩井」「狐の玉」「蛇足」など、自然界の記事が多くを占めるが、なかには人物伝である「徳本翁」や、「小松氏墓」といった古蹟についての記事などもある。それとともに、『甲斐名勝志』、『琅琊《ろうや》代酔《だいすい》編』、『五雑組』をはじめ和漢の諸書を引き、全体として本草学・博物学的な態度で記される点が特徴としてあげられ、上巻の「鎌鼬《かまいたち》」では短い分量の記事中に、伊藤東涯『盍簪《こうしん》録《ろく》』、前章でも触れた『北越奇談』、『俗説弁』、橋本伯寿『断毒論』、伴蒿蹊『閑田次筆』、貝原益軒『大和本草』などを参照している。記事の多くは淡々と記されるが、上巻末尾にある「河童」などは例外的に物語として記述され、河童が馬を水中に引き入れようと難渋し、自らに縄を巻き付けてひっぱるも逆に馬に力負けして馬が走り出すのに引きずられ、しまいに村の人々に縛られてしまう。ある仁心ある人がこれを救い逃すと、その後恩返しに川魚などを戸口にたびたび置いた、というものだが、これは『小平物語』▲が出典であることが記され、それに続き河童についての本草学上の記録を紹介している。

以上、『信濃奇談』の筆致にはある一貫性があることに気づかされる。各項目は、まず前半、おおよそ奇なるモノについて観察ともいえる態度で記されることが多く、そして後半では、その奇についての類似例や分析が加えられる。こうしたモノを起点として記述する点は諸国奇談ものの一部にも見られたが、そこにあ

『小平物語』「小平向右衛門（一六〇五―一六九六）が、天文以来の甲信戦乱の有様や、その一族の動静を物語風に筆録したもの」で貞享三年（一六八六）に書かれた（前掲の『信濃奇談』翻刻に付された向山雅重氏による註による）。

たうかぎりの考証的な態度によって対象を把握しようとする姿勢に、奇なるものに対する好奇心とそれを裏付けようとする学識的な知が同居しているさまを読みとることができよう。

2 『信濃奇区一覧』(『信濃奇勝録』)について

最後に、天保六年(一八三五)成立の『信濃奇区一覧』について詳しく述べていくことにしたい。この書は、ここまで見てきた地誌と奇談の諸要素を融合した、一つの到達点を示していると思われるからである。

著者の井出道貞(一七五七—一八四二。生没年は諸説ある)は佐久郡臼田の神官で、歌や絵も学んだ人物。早稲田大学附属図書館蔵本『信濃奇区一覧▲』は見返しに、明治三十年八月の曝書の日に記されたという桜坪旗士良なる人物の識語があり、それによれば、元は長野県令であった大野誠(儒家に生まれ昌平黌に学んだ)の遺物で「一覧の原稿」であり、校正を託されたが間もなく大野が病没(明治十七年)、その後信濃の有志が刊行するに至り、「予写書を愛す請て

『信濃奇区一覧』 大本五巻五冊。巻一本文直前に「天保五年のとし二月信濃の国佐久の郡臼田の逸老／井出貞翁しるす」、巻五本文末には、「天保六未年九月　信州臼田　井出道貞著」とある。

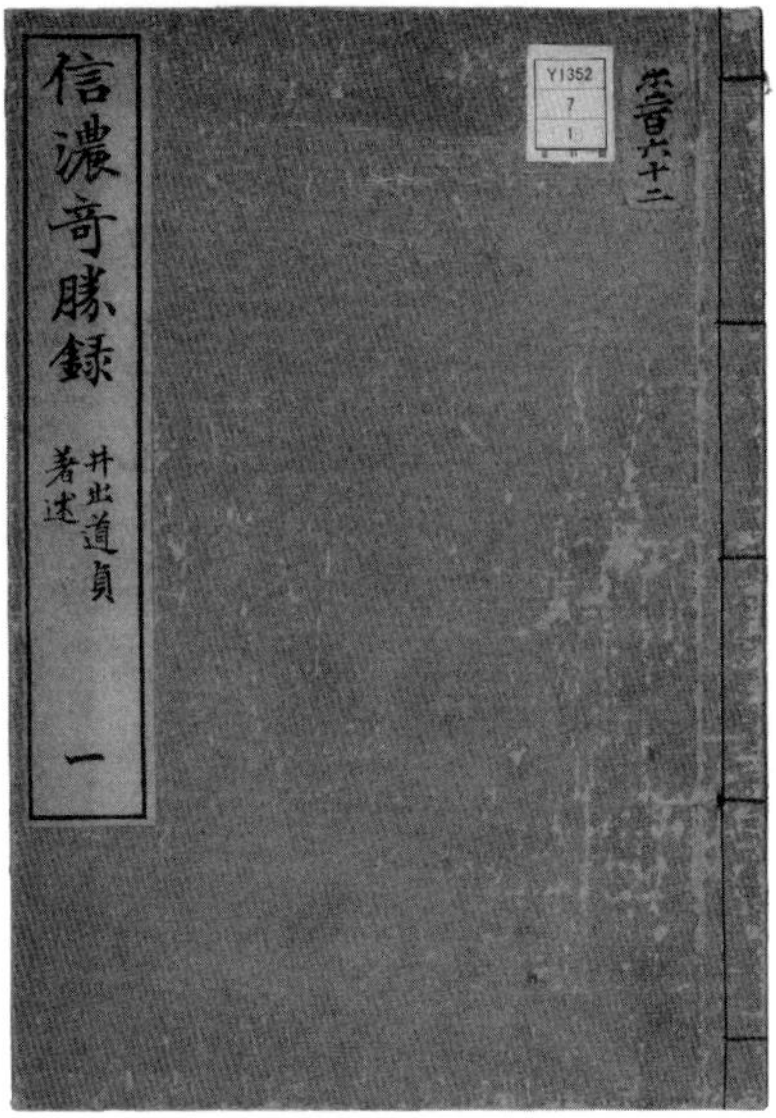

図39 『信濃奇勝録』表紙

『新編信濃史料叢書』一三　信濃史料刊行会、一九七六年。

これを襲蔵し以て故友の紀年とす」と結ばれる。右に触れるとおり、この『信濃奇区一覧』は明治二十年に至り『信濃奇勝録』と題して出版された（図39）。早大本にはところどころに朱による校正の跡とみられるものがあるが、たとえば巻二の末尾の「我師の像なり」とある一節に、墨の小字で「此四字原本モ別筆ニテ像ノ字侍ノ字ニ似タレドモ読ガタシ」とあることからみて「原本」は別にあると見られ、『信濃奇勝録』を底本として翻刻を収めた『新編信濃史料叢書』一三▲の解題によれば、「稿本及び開版の版木等は、現在南佐久郡臼田町の井出敏氏が所蔵している」とある。版木は翻刻刊行の翌年に臼田市有形文化財に指定され、「稿本」は現在、長野県立歴史館の丸山文庫に所蔵されており、これが先の「原本」である可能性が高いものの、筆者は丸山文庫本未見のため早大本との関係性をいまだ明らかにできていない（なお、内閣文庫にも各巻に「明治八年十一月上浣中邨元起校」の識語を有する一本が蔵されている）。ともかく近世期においては井出家に眠るような形で、ほとんど世に知られることもなかったことはたしかなようである。本書では成立したのが天保期である点を重視すること、さらに明治二十年刊の『信濃奇勝録』には一部に誤字が散見されることから、以下、引用の際は早大本『信濃奇区一覧』に拠るものとする。

概要と構成

『信濃奇区一覧』凡例には「名所幷古歌の類は地名考に出たれば贅せず。そが中一、二を挙るものは微意ありてなり」とあり、名所や古歌は吉沢好謙《たかあき》『信濃地名考』（安永二年〈一七七三〉刊）にあるので、例外を除き原則扱わない旨が示されている。信濃には、本書でもすでに触れた『千曲之真砂』『木曾路名所図会』をはじめ、高い水準を有する先行地誌が複数存するという好条件のもと、それらの知見を継承しつつ記事を付加することができた点に、以下に述べるような総合的な地誌が生まれる土壌がすでにしてあったのかもしれない。

また、明治の刊行の折に孫の井出通が記した『信濃奇勝録』跋には「文政、天保のとし頃、国の内の郡々を隈なくめぐり、山坂路の険しきをもいとはず杖を曳きて、奇なる事どもを見出し聞いだしつつ書つらねたるものなれば、世にも又たぐひ稀にして珍らかなる書にぞありける」とあり、井出道貞が長い期間にわたり、目、耳、足、さらには手をつかって「奇」を集めた成果であることがうかがえる。

また、『信濃奇区一覧』凡例には、「山水人物の外《〔ほか〕》、区々の雑物に至りては自国に奇として他邦に奇ならざるをしらざるも間《まゝ》有べし［略］博聞に乏しきが為《なす》所なり」と、自国で珍しいとされるものが他国ではそうではないかもしれない、とも書かれている。こうした自身の知見を相対化できている点は、まさに『東西遊記』の南谿の精神▲を受け継いでいるといえよう。

以下、地誌の新たなる地平を示していると思われる『信濃奇区一覧』を詳しく紹介していくことにする。

まず、構成は郡単位となっており、地誌として地理的に整然としたものになっている。

巻一　筑摩《つかま》郡之部
巻二　安曇《あづみ》郡之部　水内《みのち》郡之部
巻三　佐久郡之部　小県《ちいさがた》郡之部
巻四　諏訪郡之部　伊那郡之部
巻五　埴科《はにしな》郡之部　更科郡之部　髙井郡之部

そして注目すべきは挿絵である。第一章で触れた宝暦期の写本には、一部城郭図などは含まれるものの、いわゆる「風景」と呼べるものはほとんどなかった。これに対し、写本でありながら『信濃奇区一覧』にはふんだんに風景画が描かれ、たとえば巻三の浅間山を描いた図40は、上部に和歌が配される遠景図となっており、明らかに名所図会の様式から影響を受けている。巻一の若沢寺《にゃくたくじ》の俯瞰図（図

『東西遊記』の南谿の精神　筆者は前掲「寛政・享和期における知と奇の位相――諸国奇談と戯作の虚実」において、次のように指摘した。「［略］もう一つ大事なのは、「何事も小智にてははかりしるべからず」とあったように、それと表裏一体としてある広い世界の事物や出来事への畏敬の念である。ここには、「小智」がかつての自分自身であると同時に、対象とするものごと次第では、自身、常に「小智」であるという自覚があろう。それは自身の先入観を省みることであり、この広い世界をまだまだ知らないという謙虚さに他ならない」。

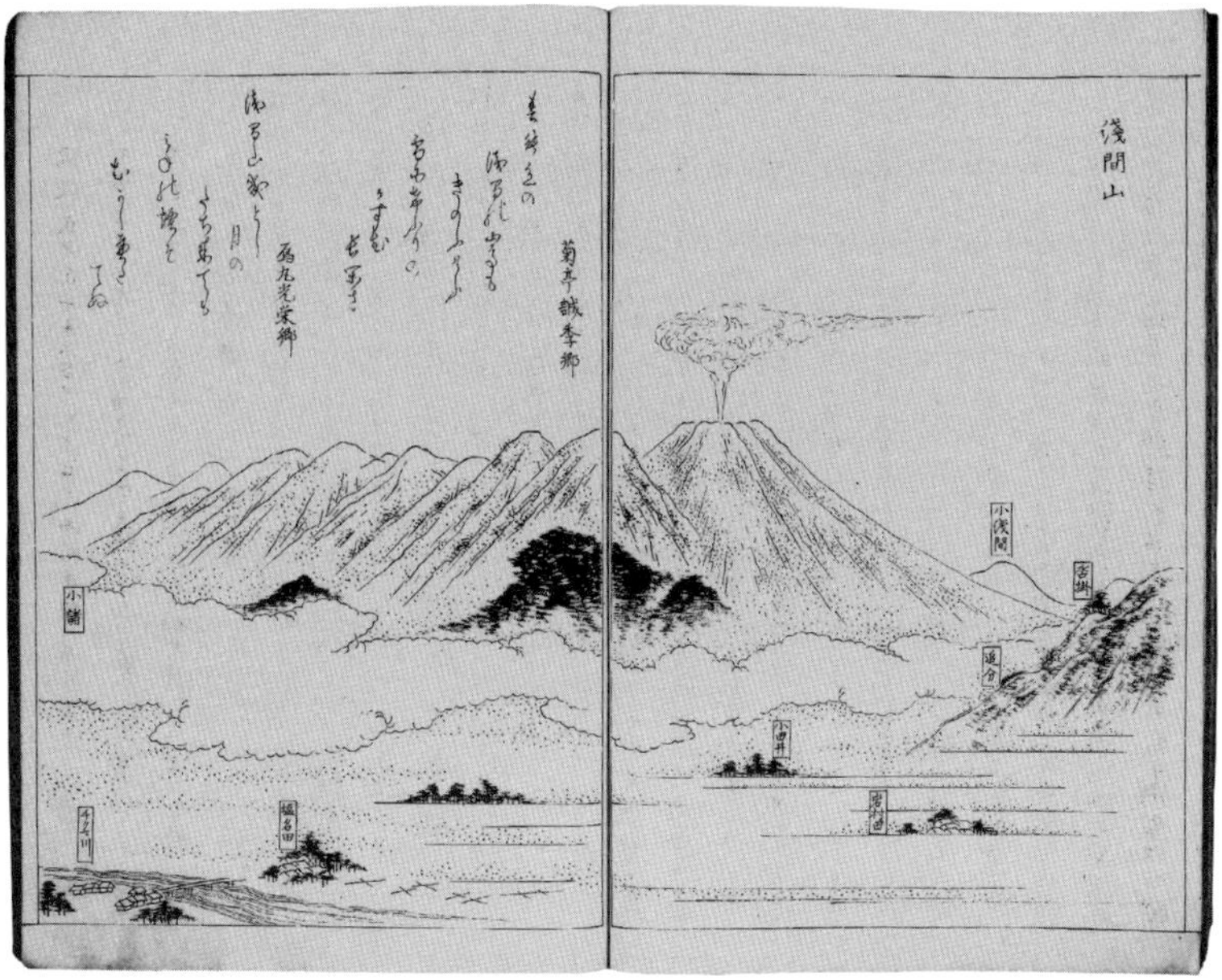

図40　『信濃奇区一覧』巻三・浅間山

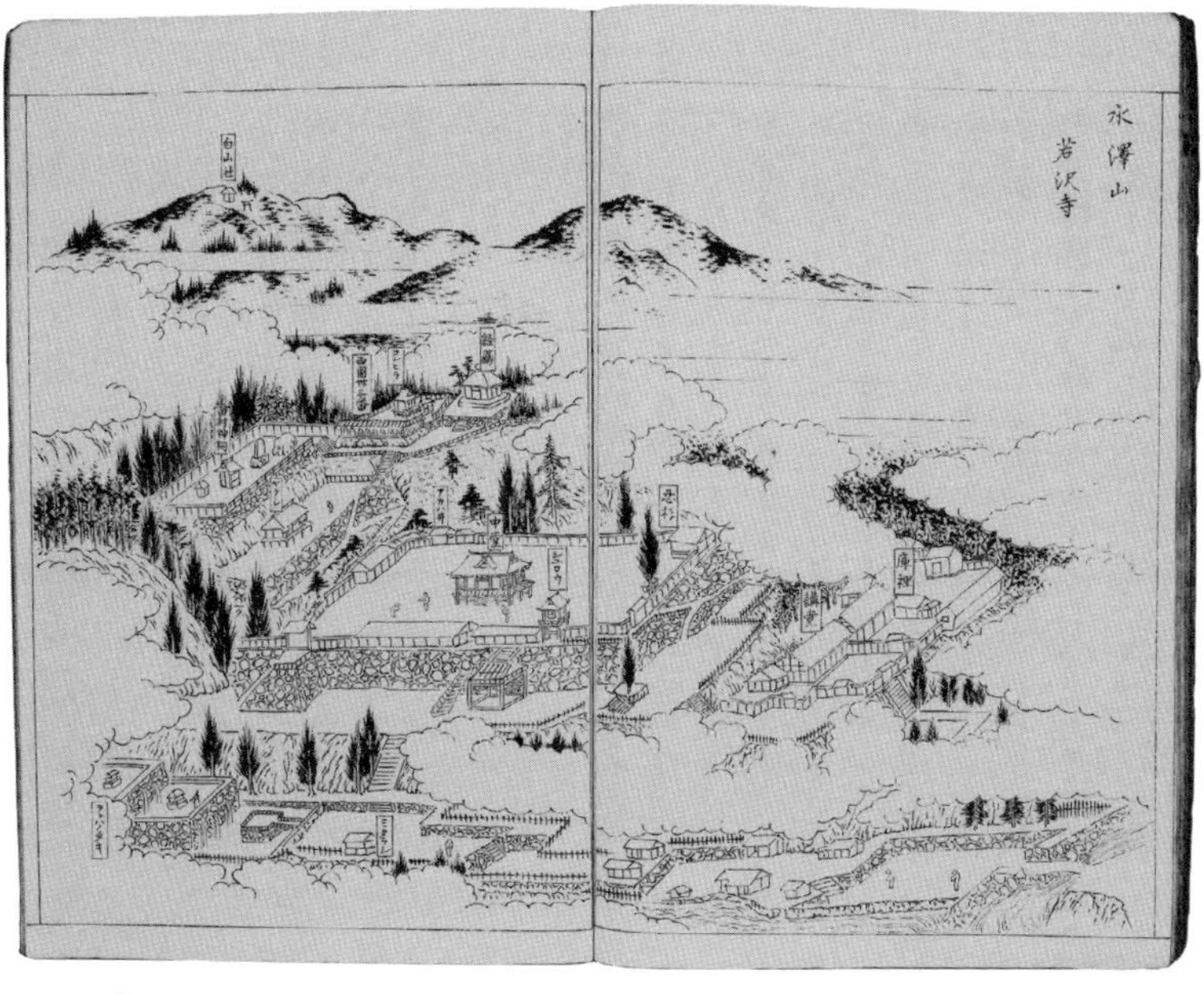

図41　『信濃奇区一覧』巻一・若沢寺

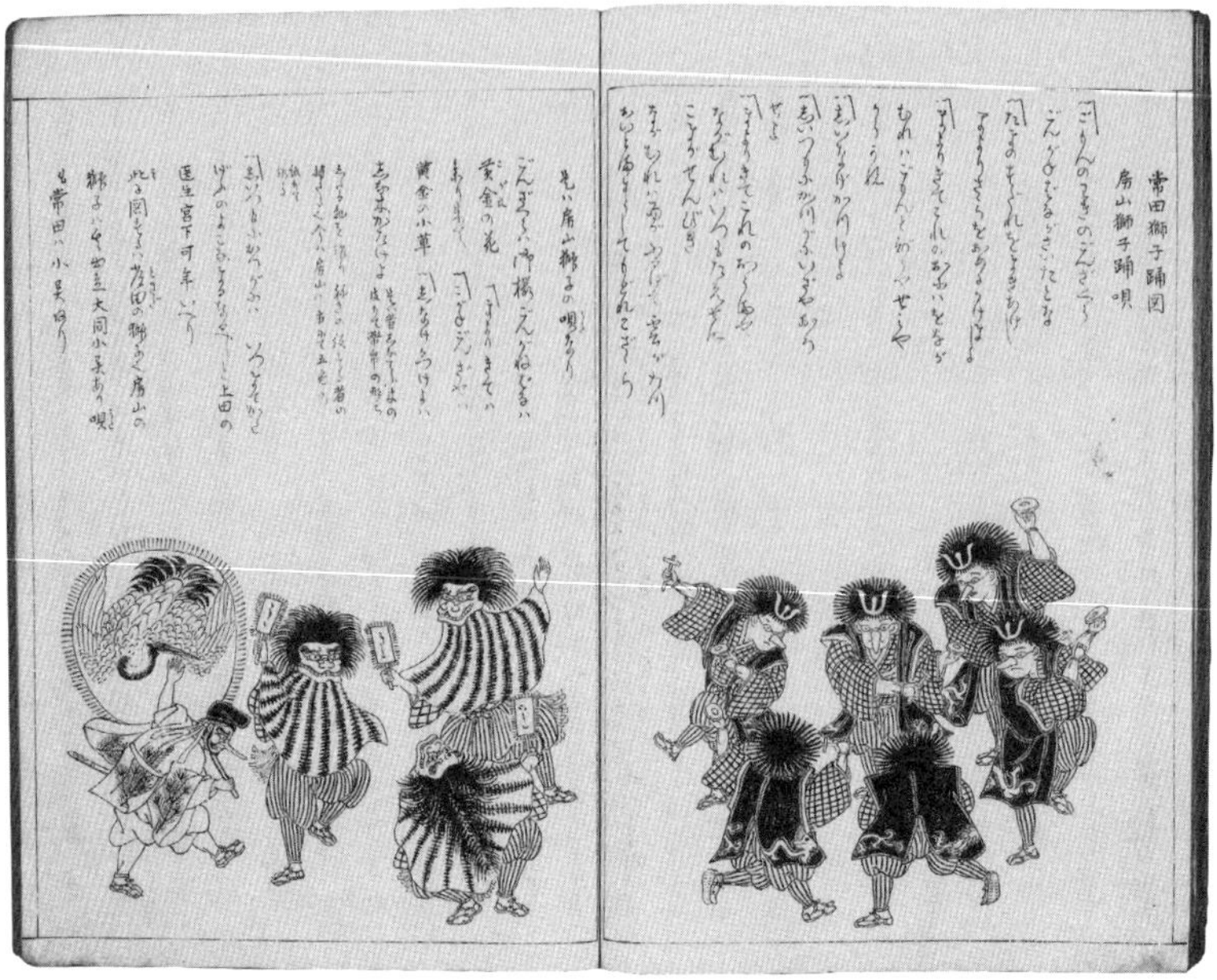

図42　『信濃奇区一覧』巻三・常田獅子踊

41〉なども、名所図会の典型的な図柄である。一方、人々の風俗を描く図〈たとえば巻三の常田獅子踊図〈図42〉など〉もあり、いずれも名所図会にまま見られるものである。これらに加え、以下に触れる博物学的な図も掲載されている。

各巻の内容

『信濃奇区一覧』凡例には、該書が対象としているものが明記されている。

> 国内の奇勝を探りて［略］或は①神祠《じんし》の旧宝・仏観の什貲《じうし》、又は②畸人の尋常《よのつね》に異なる、③禽獣・草木の世に稀なる、④古器の今やうならざるより、⑤雲根・異物、⑥奇談に至るまで見《みる》に随ひ聞《きく》に任せて書しるし、閑窓臥遊の友となしつるも十とせ余を重ていつしか堆《たゐ》をなせるまゝ、竟《つひ》に五巻にはものせるなり。［傍線は引用者による］

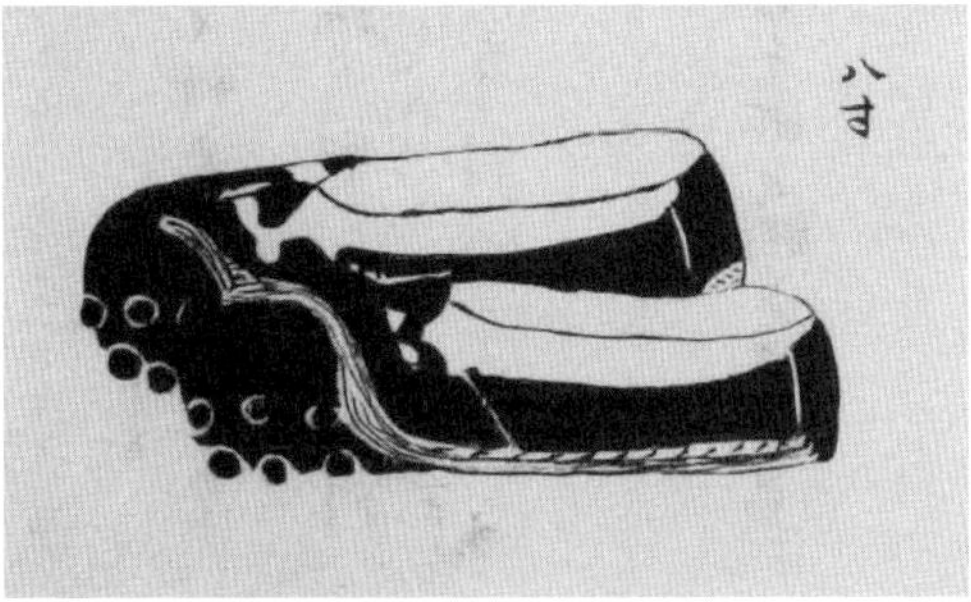

図43　『信濃奇区一覧』巻三・安養寺の靴

ここにあるとおり、動・植・鉱といった本草をはじめ、奇石や珍奇なもの、さらには畸人、奇談といったことがらが、先に見た名所図会様式の挿絵などとともに記述される点において、名所図会と諸国奇談ものそれぞれの特色が一書のなかに混在しており、史的にみれば『北越奇談』に萌芽が認められた要素が『信濃奇談』を経て、さらに本格化したものと位置づけられよう。

以下、この凡例に従う形で、この書に採り上げられているものを順に紹介していくことにしよう。

まずは①「神祠の旧宝・仏観の什貲」、神社仏閣関連のものであるが、ここでは内容と同時に文体にも注目していただきたい。

巻三「安養寺什貲」（図43）

安原村宝林山安養寺は法灯国師の草創なり。航海帰朝の後こゝに来りて草創し開山は二世智鑑禅師なり。「管領記」に永享十二年足利持氏ノ季子《すゑのこ》・永寿王丸、信濃国大井に竄《かくる》と記す事はこの地なり。［略］ここに法灯国師の宋国より将来のものとて菊の彩色画一幅あり。又松虫と名づくる磬《きん》あり。響至てながし［略］靴は宋朝より随身の者帰化して来る中に陶氏なるは工匠にて跡部の里に住して昆裔《しそん》今須江と称す。ここに国師の靴代々持伝へしが天明の頃ゆゑありて野沢並木惟信《これのぶ》の所蔵となりしをこの寺に寄附せしなり。［略］

右には安養寺という寺の由来が記されており、地誌の典型的な文体といえばそれまでだが、由来、そして所蔵物を簡潔に記していく構成と筆致は、やはり先の挿絵と合わせて考えると、名所図会からの影響を見ていいと思われる。

②「畸人」については、おおよそ笑話となっているのが面白い。巻二「詼諧全《おどけぜん》亨《かう》」は駒沢村・大沢寺のほら吹き和尚・全亨の挿話、巻四「徳本釜《とくほん》」は戦国時代〜近世初期の伝説の医師・永田徳本のことで、『信濃奇談』巻下「徳本翁」が出典と見られる。墓が信濃にあったことで掲載されるが、「甲斐の徳本」と呼ばれたように『裏見寒話』にも名が見え、『近世畸人伝』などにもその逸話が掲載される。巻四「山吹畸人」は寛政の頃、山吹の里住の医師・豊浦玄貞の挿話。金に執着せず、ある時盗人が壁に穴をあけて家財一切を盗むも平然としており、再び来る時のためにと穴をそのままにしたといい、巻五「医人穴熊」は八幡の里の書痴の医者・原田見智《けんち》の貧なる生活ぶりを記す。

③「禽獣・草木の世に稀なる」は珍しい生物・植物が絵とともに掲載されており、たとえば、巻一「野槌」（図44）、巻三「柳草」（大きさが希少）、巻四「石羊」

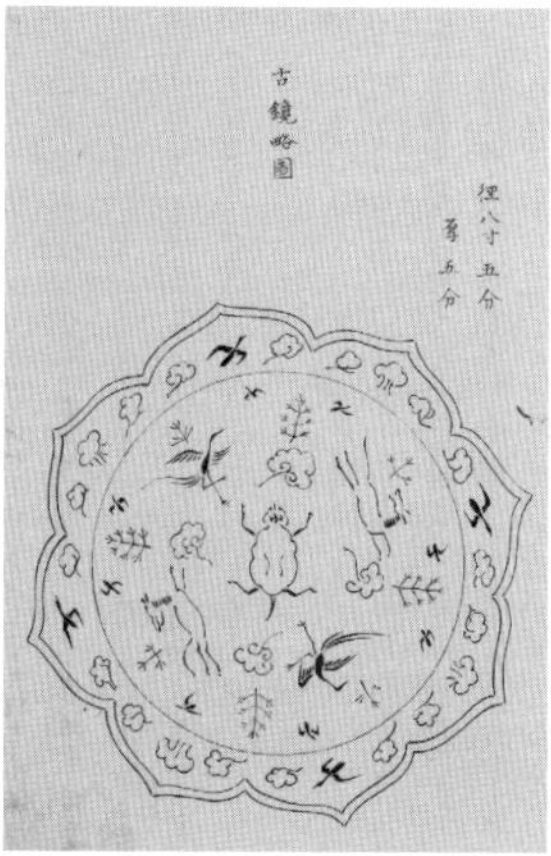

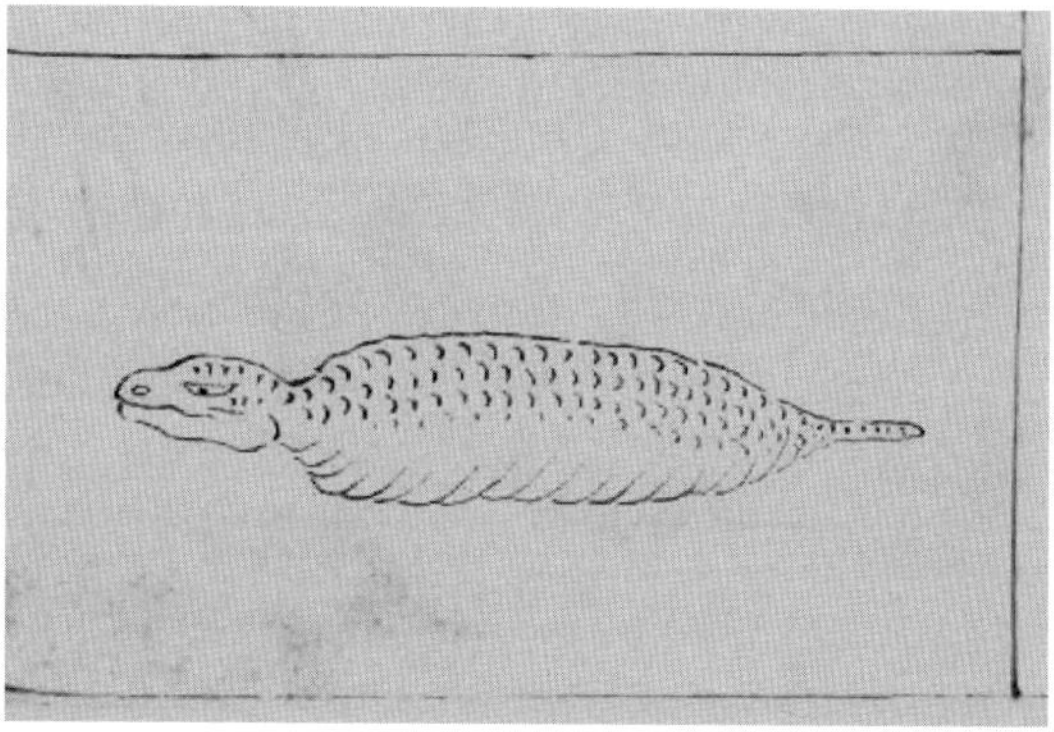

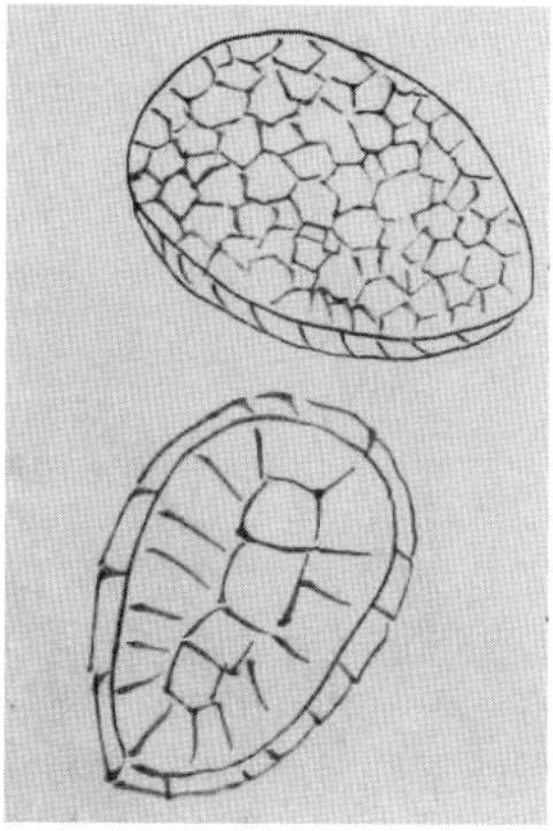

右上：図44　『信濃奇区一覧』巻一・野槌
右下：図45　『信濃奇区一覧』巻四・石羊
左上：図46　『信濃奇区一覧』巻四・古鏡
左下：図47　『信濃奇区一覧』巻三・亀石

（図45）などがある。

④「古器の今やうならざる」は、巻四「古鏡」（図46）など出土品を示し、絵が図録として機能している。

⑤「雲根」に該当するのは、巻二「石炭《もゆるいし》」、同「機織《はたをり》石」、同「貝石《ばいせき》」の他、巻三「亀石」（図47）、同「鳴《なる》石《いし》」と、数としては岩石が多いが、「異物」にあたるものとしては、巻五「一目髑髏《ひとつめのどくろ》」があり、「予文化十二年五月その地に遊び田中氏のもとにて密《ひそか》に見たり。上顎のあたり鋒骨《ほうこつ》簇々《ぞくぞく》として最《いと》もあやしき物なり。もしかゝるものゝ生て出る事あらばいかなる禍《わざはひ》をかなすべき」と、ややいかがわしいものも紹介されている。

最後の⑥「奇談」の例をあげると、

巻二「大蜘蛛」は病に伏せった息子がたびたび蜘蛛が来ると言って苦しむが、当初老母には見えなかった。いつしか母にも見えるようになり、捕らえようとするが素速く隠れてしまう。探索の結果、褥の下に大蜘蛛が隠れているのを発見するも、自分一人ではとためらううち、「この蛛いかなる通力やありけん、老女の身に糸を引纏ふ事幾重ともなく眼も朧《おぼろ》になりぬれば、かくてはならじと両手に捽《つかみ》て庭に持出しておさえながら声の限り高らかに喚《さけび》ける」。そこで近所の者は斧などを手に駆けつけると、「老女の大なる蛛を捕へて居たる」。その後、大蜘蛛は退治され、息子は蜘蛛による害から逃れ次第に癒えたという。「これは安永中の事なりし、と小川氏語き」と結ばれ、老母のたくましさが伝わってくる一編である。これのみならず、他の話もなかなかの描写力で、巻三「匠人嚙蛇《だいくじやをかむ》」は享保の頃、勇猛な大工・五郎右衛門が水遊中に大蛇に巻かれ、完全な素手ゆえ、「蚺蛇の首を抱《いだき》、歯を以て首を噉断《かみきる》。塹《ほり》水盤溢《めぐりながれ》て紅なり。工匠等悲愁に堪ずといへども、惘《あきれ》てさらに術なし。しばらくありて左に虵の首を握《もち》て浮出、右手にて游《およぎ》岸に上る。顔色常のごとし」という武勇伝で、人々にはもちろんのこと城主にまで賞されたのだが、「それより歯を鳴すこと僻《くせ》となりて、人と応対談話の間にも歯を鳴せしといへり」と書き加えられ、その十七年後に亡くなったと結ばれる。巻四には、おなじみの「七不思議」があり、湖水神幸《かんさき》・元旦蛙猟《かはづがり》・五穀筒粥・高野《たかの》鹿之耳割《みみわり》・御作田《おさくた》・葛井清池《くづゐのせいち》・宝殿点滴があげられる。

以上、奇談の内容そのものに格別な目新しさがあるわけではないが、語りと描写がうまく、このあたりに『東西遊記』以降の諸国奇談ものの流れを受け継いでいることが読みとれ、読み物としての娯楽性も重視されているといえる。

3 総合的な地誌の誕生――先行書からの影響と比較

『信濃奇区一覧』にもきわめて多くの先行地誌や典籍が引用され、考証が加えられているのも大きな特色として見逃せない。具体的な書名を列挙すると、『和漢三才図会』、『新著聞集』、『信濃地名考』、『信濃漫録』、『木曾路名所図会』、『近世奇跡考』、『好古日録』、『本朝通紀』、古文献では、『日本書紀』、『続日本紀』、『三代実録』、『今昔物語集』、『宇治拾遺物語』、『古今著聞集』、『東鑑』などである。ここまでで触れた文献も多く、巻一「水沢」には『東遊記』巻二「名《な》立《だち》崩」が、巻五「秋山」の記事中に『西遊記』続編巻二「五ヶ邑《むら》」が、巻一「猿手狸《さるでのたぬき》」に同じく南谿の『北窓瑣《ほくそうさ》談《だん》』が、それぞれ言及される。また、必ずしも書名を掲げるわけではないが、『北越奇談』は巻二「石炭」、巻二「貝石」、巻四「闘龍」、巻五「無縫塔」において参照されている。また、伊那郡を含む巻四は『信濃奇談』が参照されることが殊《こと》に多く、前に触れたものを含めて、諏訪湖、塩井、三足鶏、馬角、鸚鵡石、風穴、駒嶽、松嶋王墓、徳本翁などが該当し、巻一「野槌」も同様である。前述のとおり、そもそも『信濃奇談』自体が典籍を駆使しながら成立した書であり、その執筆態度そのものからも影響を受けているようである。

また先行地誌に類する記事もあり、少し紹介していくと、巻二「牛の玉」には「径二寸ばかり平めにして毛あり」などとして図（図48）が載るが、記事からは生物か否かいまひとつ分からないものの、『耳袋』巻四「牛の玉」によれば、少なくとも動くようではある。ちなみに、『信濃奇談』には「狐の玉」として似たようなものが報告されている。また、巻四「蟬蕈《せみだけ》」（図49）は『東遊記』巻一に「竹根化蟬」として載るもので、南谿は、植物が昆虫に変化すると捉えているが、ここでは「蟬の頭より菌《くさびら》を生ずる物あり」と記され、『金匱要略記聞《きんきようりやくきぶん》』の「蟬花」の記事を引用する一方、「蟬化して茸を生ずるにはあらず、茸の根より蟬を生ずる物なるべし」との説も併載される。こんにちでは、この「蟬茸」はニイニイゼミのさなぎに寄生することが知られている。

以上、この『信濃奇区一覧』は、地誌としての構成のなかに、名所図会的な挿絵や文体を取り込み、さらに娯楽的な読み物としての面白さをも追求したという意味で、天保期に出るべくして出た、諸要素を折衷した書であるといえよう。そして知と奇の関係性という本書を貫く問題意識に照らせば、珍しいもの、未知なるものを探求していく面白さとそれを世に知らしめようとする点で、知の体系のなかに奇が歴とした地位を与えられた地誌として位置づけることができる。ここには、何ら気負うことなく奇を知的活動の一環とし、両者が融合しているさまを見出すことができるのである。

前章からの流れを時間軸に沿って整理しておくと、いわゆる諸国奇談ものの段

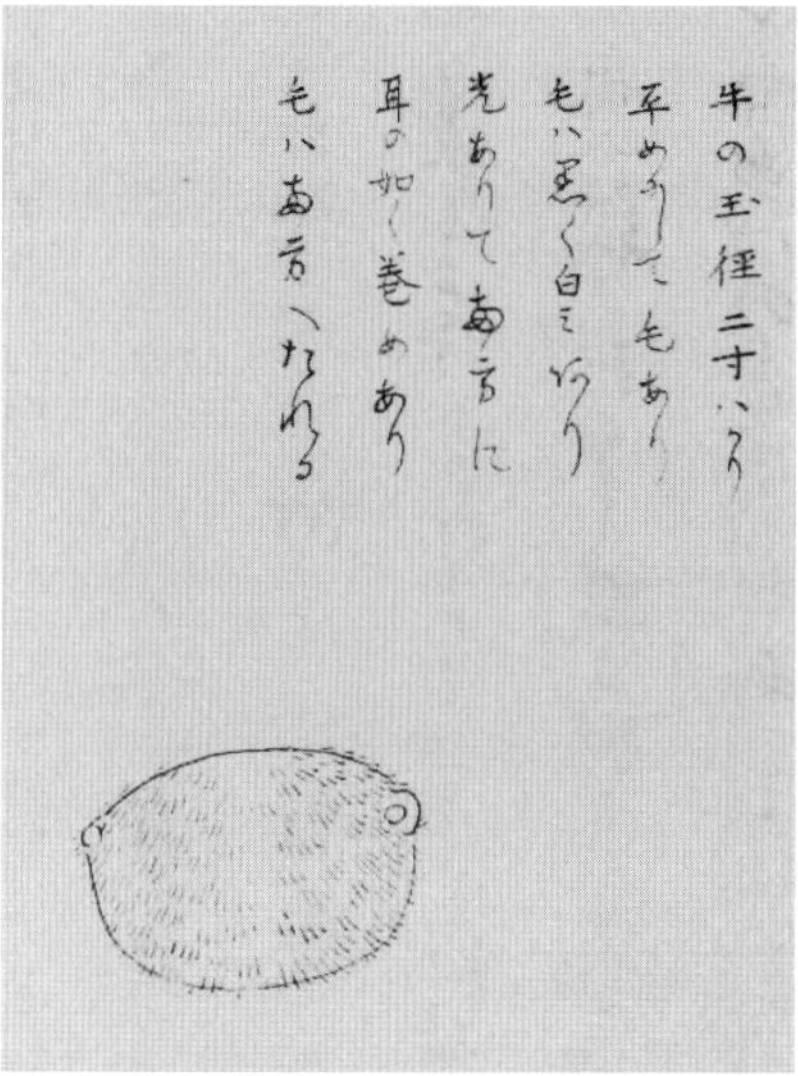

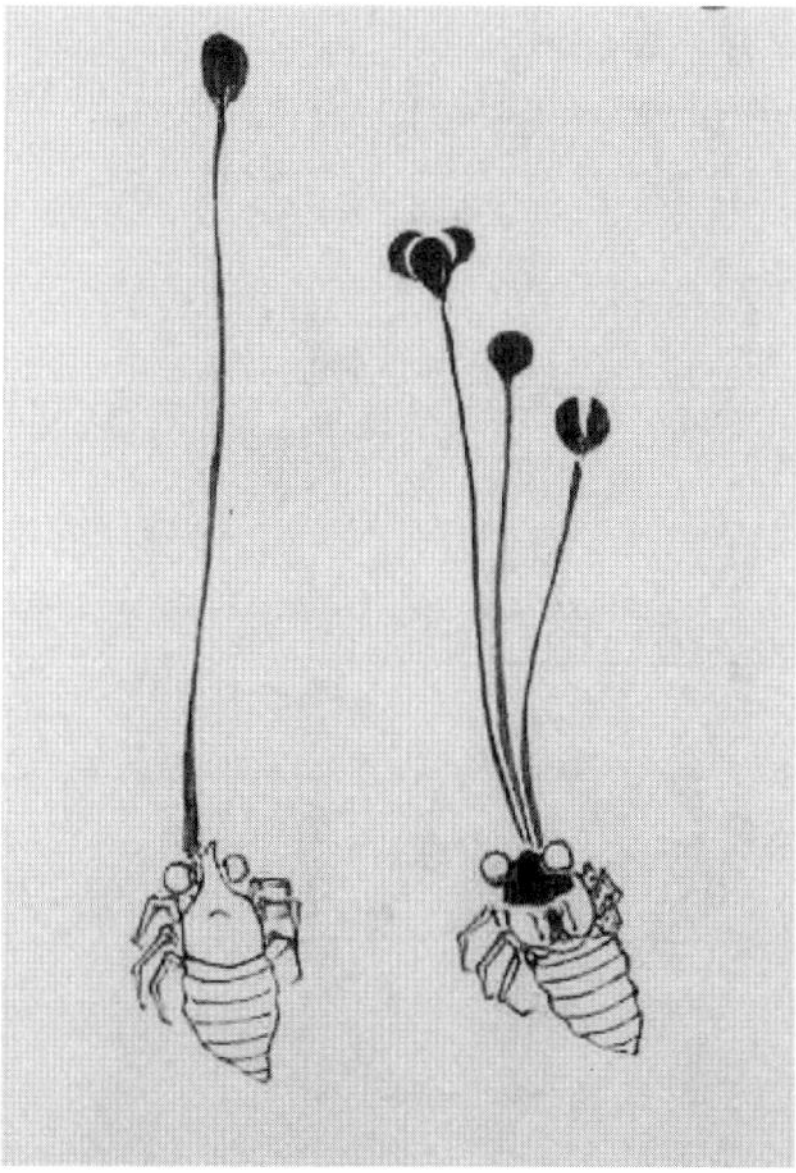

上：図48 『信濃奇区一覧』巻二・牛の玉
下：図49 『信濃奇区一覧』巻四・蟬茸

階では、地誌・博物学（考証も含む）・奇談といったそれぞれの要素がいまだ偏っていたのに対し、『北越奇談』あたりを境にそれらを統合していこうという意識が認められた。そして文政期以降のものになると、博物学的、物語的要素それぞれの長所をバランスよく兼ね備えた地誌が出現しはじめる。そして最後に詳しくみた『信濃奇区一覧』は、いわゆる「名所」を記述することを目的としないにもかかわらず、名所図会の様式の優れた点、具体的には挿絵や文体における特色を取り入れると同時に、『東西遊記』の知的好奇心をも正統的に受け継ぎ、諸国奇談ものが持っていた諸要素をも呑みこむという、総合的な地誌として一つの達成をみた書と高く評価できるのである。

おわりに

前章では、諸国奇談ものが変容していった結果、奇なるものが知の領域内に正当に位置づけられると同時に、名所図会の様式に収まることにより、ついに教養と娯楽をバランスよく兼ね備えた地誌という新たな読み物に結実していったことを論じた。

以下、ここに到るまでの本書のみちのりを、対象時期全体を視野に収めながら、各時代の状況も踏まえいまいちどたどり直しておきたい。

あえて単純化していえば、十八世紀半ば前後においての奇談・怪談の多くは、この世の裏側や闇といった、あくまで知覚できない（はずの）ものや起こり得ない（はずの）もの、あり得ない（はずの）ものへの関心が主眼にあった。そうした話は百物語などの怪談・奇談として流布する一方で、民撰地誌が自らを構成するに必要な要素としても収載対象とされた。本書で見た地誌でいえば、『千曲之真砂』「国中怪異奇談」には、まだしも不可解な現象や伝承、奇石などについての報告的記事が多かったが、『裏見寒話』に記載される話材には、たとえば僧の巨大な蟹退治の話なども含まれていたように、同時代の怪談・奇談の版本類との間に本質的な差は見出し難いといえよう。ただしここでは、地誌があくまで周縁的なものとして怪談・奇談を捉えていたという事実をおさえておきたい。

一方、その後に簇出した名所図会においては、怪談・奇談の類はかなり抑制され、籬島作のもの以外には主に娯楽的要素として採り入れられることもあったものの、例外的なものにとどまり、文化期までの名所図会全体において、こうした方面の記事の掲載には決して積極的ではなかった。

そのようなか、寛政七年（一七九五）から一連の『東西遊記』シリーズが刊行される。この書には、この世界の途方もない奥行きや広がり、深さといったことへの興味と、それを観察し考察してみようとする知的好奇心がみなぎっている。同じ時期に書かれた『耳袋』▲にも、『東西遊記』ほどの考察はないが共通の精神が感じられ、南谿に限らずこの時代の知識人が有していた価値観の一つであったように思われる。また、対象を人物に限定したものなので単純に同列化はできないが、『近世畸人伝』が天明八年（一七八八）に刊行されていることも全く無関係とはいえないであろうし、本書でもすでに触れたとおり『西遊記』に序を寄せているのは『畸人伝』の著者、伴蒿蹊その人である。▲もちろん、こうした「畸」については、淵源にさかのぼれば「荘子」に由来する思想史的文脈も視野に入れるべきなのだろうが、筆者の手には負いかねるので、ここではともかく地誌に限定

『耳袋』　幕臣・根岸鎮衛《やすもり》が天明四年（一七八四）から文化一一年（一八一四）にかけて、自らの見聞を書きとめた随筆。同時代の興味深い話が多く記されており、多くの写本が存する。

『西遊記』に序を……　ちなみに、『東遊記』に序を寄せる漢学者・松本愚山《ぐざん》（一七五五―一八三八）は、寛政五年（一七九三）に中国の歴史地図『閲史約書』（王光魯撰）を和刻した人物である。

して述べると、『東西遊記』が多くの人に読まれたことを契機として、世の「奇」（珍しさ）を尊ぶという精神が浸透していったこと、これこそがこの書の最大の功績であると考えている。いわば、境界線上にあるものをもありのままに捉え（認知）、観察し、考察を加え、比較・分類し、自分たちの知のなかに取り込もうとするのである。こうした知的態度は旧来の怪談・奇談には欠けている、というよりむしろそもそも不要なものであり、そこで書き手が提供し読者に求められていたものの多くは、背筋が凍るような直感的、身体的な反応、もしくは身近に起こることを想像するとゾッとするような感覚である。そこに探究心などあるべくもないが、このことはどちらが良い悪いの話ではなく、志向の違いに起因するものである。そして、旧来の怪談・奇談に対する知的反応が、それらを否定することを目的とした弁惑もの▲であったことは、表か裏かの二項対立的な世界観にもとづいている証しであり、『東西遊記』が見ている世界像とは相容れないものである。

　ともあれ、これが決定的な分岐点となり、諸国奇談もののブームを招来し、旧来の怪談・奇談集の刊行はなりをひそめるが、『東西遊記』の本質的な部分を継承するものが現れるにはもう少し時間を要したようである。そして、ようやく文政期ともなると、博物学、考証学の高まりとともに、そうした知的営為の対象と

弁惑もの　近藤瑞木氏前掲論文の言をかりれば、「簡単に言えば、怪談の合理的、現実的説明による種明かしを趣向とする読本」である。

して奇が地誌において正当な地位を獲得するようになり、そのなかに奇談も他の「奇」と同列に位置づけられたのが天保期あたりであったと結論づけることができる。もっとも、『信濃奇区一覧』に所収の奇談は、むしろ前時代的な素朴な内容ともいえるのだが、奇談をめぐって本書が問題としてきたのは、その質よりむしろ、いかなる意図で、どのような対象として各書のなかに収められてきたかという点である。

こうした長い射程で地誌を捉えた時、改めて浮かび上がるのが天保八年（一八三七）に初編が刊行された鈴木牧之の『北越雪譜』の存在である。この書が刊行にこぎつけるまでの苦労はすでに多く説かれているが、「雪」というテーマのもとに、自然現象や奇石、物産、生活用具や習慣、そして「雪中の幽霊」をはじめとする怪談・奇談が一書に収まるのも、『信濃奇区一覧』との類似性がよく理解できよう。もっとも、寛政期にはすでに企画があった『北越雪譜』と『信濃奇区一覧』とを同列に置くことには慎重であらねばならないが、両書ともに、先行する地誌が豊富な地域を対象とした書であることも共通しているのは興味深い。

そもそも、考証を加えたり、あるものを珍しいものと認識したりすることは、いずれも知の累積と集積があってはじめて可能となることである。そしてその結果、新たに知の体系に組み入れられるものもある一方、そうでないものは不可知

『北越雪譜』 越後魚沼の商人である鈴木牧之《ぼくし》（一七七〇―一八四二）が、自国の雪に囲まれた生活を世に知らしめるべく長年にわたり出版の計画や交渉を行い、天保八年に初編三巻が、天保十三年に二編四巻が刊行された。雪国の暮らしを中心とした記事は人々の耳目を集め、広く読まれた。

この書が…… 近年のものでは、森山武氏『雪国を江戸で読む』（東京堂出版、二〇二〇年）に出版までのいきさつなどがまとめられている。

とするのではなく、あくまでも存在を認めたうえでグレーゾーンや謎のまま保留にして記述する。それは自分以外の誰か、未来の誰かが解き明かすかもしれないのだから。そのためにとにかく対象に可能なかぎり接近、接触し、何らかの形で記録しておこうとする態度こそが、奇を通して知の領域を押し広げる知的活動にほかならないのである。

こうした一連のことを、現代では科学的とか民俗学的といった言葉で理解しがちであるが、本書ではできるかぎり同時代の書物から読みとれる各時代の人々の思考様式や意識の変革に沿って記述することにつとめた。

思い込みや先入観を排し観察して考え、驚きとともに喜びに満たされること。そしてその先に世界がさらに広がっていくこと。わが国の十八世紀から十九世紀にかけて起こった知的好奇心の高まりとそれにともなう知的水準の底上げは、必ずや人々を新たなる未知の第一歩へと誘ったはずである。

あとがき

当初から本書に書こうと考えていたことはすべて本文に尽きているので、ここではその範囲からはみ出すこと、さらに執筆を通してみえてきた今後の課題について綴っていくこととしたい。

対象とする資料の範囲でいえば、官製地誌については、白井哲哉氏、羽賀祥二氏、杉本史子氏をはじめとした歴史学における重要な研究がありながら、本書では全く触れることができなかった。近世の官製地誌群の奇に対する態度もぜひ知りたいと思う。

天保期以降の名所図会についても、自分のなかでは未整理のままである。また、本書で扱った宝暦前後の写本地誌や十九世紀の『信濃奇区一覧』のような地誌は、たまたま私の視野に入っただけで、他にも同様の傾向を有する書はあるのか否か、こうした点については、今後も広く博捜しつづけていきたい。

さらに大きな問題として、ともかくも近世地誌やその周辺の書に掲載される説話の網羅的な調査と収集が必要であることを痛感した。これは一人の手には負えない質と量を有するゆえ、共同研究などの形でぜひとも実現に向けて動きたい。

また、本書における調査を進める過程で、同時代の『耽奇漫録』、『兎園小説』といった、ともに曲亭馬琴が関与した営みに対しても見る目が変わってきた。やはりここにも知と奇へのまなざしという点で、十九世紀前半に共通した空気が読みとれるように感じられ、今後、具体的に研究してみたいと考えている。

加えて、口碑・伝承を誌す際の記述のあり方の問題についても、同様に広く長く考えていきたい。

以上のことがらにかかわることとして、本書脱稿後に村井紀夫氏『文献史学と民俗学——地誌・随筆・王権』（風響社、二〇二二年）が刊行された。筆者が目配りできなかった諸問題が手広くかつ手際よく整理されており、本書と合わせて読まれると、より視野が広がることと思われる。

明治期の問題としては、帝国文庫の『近世奇談全集』の巻（博文館、一九〇三年）の編集を、柳田国男と田山花袋が担当していることが気になっている。柳田の名があるのはとりたてて不思議でもないが、花袋についていえば、そういわればその散文にはところどころに観察的な描写があるように思われ、それは意外と近世と地続きな部分もあるのだろうか、などと愚考するが、思いつきにとどまったままである。

なお、本書のテーマに関して重要であると思いながら、ついに史的展開のなかに捉えきれなかったのが、建部綾足の散文短篇集『折々草』（安永二年〈一七七三〉ごろ成立、近世期は写本でのみ伝わる）である。実は、本書六二頁の頭註に触れた『漫遊記』は、綾足の死後に『折々草』のなかから数話が若干改変された抄出の版本なのだが、やはり諸国奇談ものブームに載ったもので、本来その一書全体が醸し出していた不可思議な魅力が損なわれてしまっている。『折々草』には雪国の話もあり、自然界のことをつぶさに綴るかと思えば、結局何も起こらないがすこぶる味わい深い奇妙な話も収められる。そのすぐれた描写力と語りの力によって虚実のあわいに描かれる散文群は、近世期の奇談という範疇に収まらない魅力がある。本書にも触れた『耳袋』、『北越雪譜』をすでに読んだという読書子には、『東西遊記』、『信濃奇勝録（信濃奇区一覧）』とともに、この『折々草』も読まれることをお勧めする。

最後になるが、本書の第二、三章は、絵入本ワークショップⅫ（二〇二〇年九月二十日）における「寛政～文化年間の名所図会と怪談・奇話・仏説」、第四章と五章の一部は、国際研究集会・「名所」の形成とデジタル文学地図（二〇二〇年十二月十二日）における「十九世紀における地誌の広がり――名所図会と奇談的地誌」と題する口頭発表にもとづいている。それぞれの場でご教示を賜った方々に感謝申し上げる。

なお、本書は科学研究費の研究課題「地誌・奇談にみる十九世紀型〈知〉の再編と享受」（基盤研究（C）・20K00334）、歴史的典籍NW事業・異分野融合共同研究「文献観光資源学」（二〇一七〜二〇一九年度）、人間文化研究機構・広領域連携型基幹プロジェクト「異分野融合による総合書物学の拡張的研究」の研究成果の一部である。

二〇二二年十二月十八日

木越俊介

図37・38　北越奇談　広島大学附属図書館　DOI:10.20730/100302140
〈翻刻〉『北越奇談』（野島出版、1970年）

図39　信濃奇勝録　国文学研究資料館三井文庫旧蔵資料　DOI:10.20730/200018210

図40〜49　信濃奇区一覧　早稲田大学附属図書館

摂津名所図会　国文学研究資料館（ヤ6-301-1〜12）　DOI:10.20730/200016745

木曾路名所図会　国文学研究資料館三井文庫旧蔵資料　DOI:10.20730/200018956

信濃奇談　国文学研究資料館三井文庫旧蔵資料　DOI:10.20730/200018198

掲載図版・主要引用文献

同一機関に複数所蔵がある場合のみ、請求記号を示した。翻刻がある場合は所収資料名を記した（主要なもののみ。頭註に示したものは除いた）。

図１　諸国里人談　国文学研究資料館三井文庫旧蔵資料
DOI:10.20730/200018807
〈翻刻〉『日本随筆大成』第二期二四（吉川弘文館、1975年）

図２　本朝俗諺志　国文学研究資料館鵜飼文庫　DOI:10.20730/200020677

図３　裏見寒話　国文学研究資料館三井文庫旧蔵資料　DOI:10.20730200018063
〈翻刻〉『未刊随筆百種』九（中央公論社、1977年）

図４　千曲之真砂　国文学研究資料館三井文庫旧蔵資料　DOI:10.20730/200018120
〈翻刻〉『新編信濃史料叢書』九（信濃史料刊行会、1973年）

図５～８　東海道名所図会　国文学研究資料館（ヤ6-50-1～6）
DOI:10.20730/200005280

図９～11、13・14　大和名所図会　国文学研究資料館（ヤ6-104-1～7）
DOI:10.20730/200013147

図12　摂陽群談　国文学研究資料館三井文庫旧蔵資料　DOI:10.20730/200017664

図15　和泉名所図会　国文学研究資料館（ヤ6-73-1～4）　DOI:10.20730/200005295

図16～21　伊勢参宮名所図会　国文学研究資料館（ヤ6-303-1～8）
DOI:10.20730/200017010

図22～24　播州名所巡覧図会　国文学研究資料館三井文庫旧蔵資料（MY-1364-5）
DOI:10.20730/200017711

図25～31　紀伊国名所図会　国文学研究資料館三井文庫旧蔵資料（MY-1366-2）
DOI:10.20730/200017790
〈翻刻〉以上の名所図会はすべて『日本名所風俗図会』全18巻・別巻２巻（角川書店、1979-88年）に所収。

図32　〔諸国〕奇遊談　国文学研究資料館鵜飼文庫　DOI:10.20730/20002027
〈翻刻〉『日本随筆大成』第一期二三（吉川弘文館、1976年）

図33　東遊奇談　お茶の水大学附属図書館　DOI:10.20730/100260643

図34　諸国便覧　お茶の水大学附属図書館　DOI:10.20730/100239143

図35　周遊奇談　国文学研究資料館三井文庫旧蔵資料　DOI:10.20730/200018816

図36　北国奇談巡杖記　お茶の水大学附属図書館　DOI:10.20730/100239262
〈翻刻〉『日本随筆大成』第二期一八（吉川弘文館、1974年）

木越俊介（きごししゅんすけ）
1973年、石川県生まれ。神戸大学大学院博士課程修了。現在、国文学研究資料館准教授。専攻、日本近世文学。著書に、『江戸大坂の出版流通と読本・人情本』（清文堂出版、2013年）、『羇旅漫録』（校註、平凡社東洋文庫、2022年）、論文に、「前期読本の有終――『四方義草』と『一閑人』」（『怪異を読む・書く』、国書刊行会、2018年）、「易占家と読本――松井羅洲『真実玉英』の世界像」（『近世文学史研究』3、ぺりかん社、2019年）、「伝奇小説の中の疫鬼たち」（『日本古典と感染症』、角川ソフィア文庫、2021年）などがある。

ブックレット〈書物をひらく〉28
知と奇でめぐる近世地誌
――名所図会と諸国奇談

2023年3月24日　初版第1刷発行

著者　木越俊介
発行者　下中美都
発行所　株式会社平凡社
〒101-0051　東京都千代田区神田神保町3-29
電話　03-3230-6579（編集）
03-3230-6573（営業）
装丁　中山銀士
DTP　中山デザイン事務所（金子暁仁）
印刷　株式会社東京印書館
製本　大口製本印刷株式会社

ISBN978-4-582-36468-2

平凡社ホームページ https://www.heibonsha.co.jp/

発刊の辞

これまで、限られた対象にしか開かれていなかった古典籍を、撮影して画像データベースを構築し、インターネット上で公開する。そして、古典籍を研究資源として活用したあらたな研究を国内外の研究者と共同で行い、新しい知見を発信する。これが、国文学研究資料館が平成二十六年より取り組んでいる、「日本語の歴史的典籍の国際共同研究ネットワーク構築計画」（歴史的典籍NW事業）である。そしてこの歴史的典籍NW事業の多くのプロジェクトから、日々、さまざまな研究成果が生まれている。

このブックレットは、そうした研究成果を発信する。「書物をひらく」というシリーズ名には、本を開いて過去の知をあらたに求める、という意味と、書物によるあらたな研究が拓かれてゆくという二つの意味をこめている。開かれた書物が、新しい問題を提起し、新しい思索をひらいてゆくことを願う。

書物は、開かれるのを待っている。書物とは過去知の宝蔵である。古い書物は、現代に生きる読者が、その宝蔵を押し開いて、あらためてその宝を発見し、取り出し、活用するのを待っている。過去の知であるだけではなく、いまを生きるものの知恵として開かれることを待っているのである。

そのための手引きをひろく読者に届けたい。手引きをしてくれるのは、古い書物を研究する人々である。

これまで、近代以前の書物——古典籍を研究に活用してきたのは、文学・歴史学など、人文系の限られた分野にほぼ限定されていた。くずし字で書かれた古典籍を読める人材や、古典籍を求め、扱う上で必要な情報が、人文系に偏っていたからである。しかし急激に進んだＩＴ化により、研究をめぐる状況も一変した。現物に触れずとも、画像をインターネット上で見て、そこから情報を得ることができるようになった。

ブックレット
〈書物をひらく〉

1 死を想え『九相詩』と『一休骸骨』 今西祐一郎
2 漢字・カタカナ・ひらがな 表記の思想 入口敦志
3 漱石の読みかた『明暗』と漢籍 野網摩利子
4 和歌のアルバム 藤原俊成 詠む・編む・変える 小山順子
5 異界へいざなう女 絵巻・奈良絵本をひもとく 恋田知子
6 江戸の博物学 島津重豪と南西諸島の本草学 高津 孝
7 和算への誘い 数学を楽しんだ江戸時代 上野健爾
8 園芸の達人 本草学者・岩崎灌園 平野 恵
9 南方熊楠と説話学 杉山和也
10 聖なる珠の物語 空海・聖地・如意宝珠 藤巻和宏
11 天皇陵と近代 地域の中の大友皇子伝説 宮間純一
12 熊野と神楽 聖地の根源的力を求めて 鈴木正崇
13 神代文字の思想 ホツマ文献を読み解く 吉田 唯
14 海を渡った日本書籍 ヨーロッパへ、そして幕末・明治のロンドンで ピーター・コーニツキー
15 伊勢物語 流転と変転 鉄心斎文庫本が語るもの 山本登朗
16 百人一首に絵はあったか 定家が目指した秀歌撰 寺島恒世

17 歌枕の聖地 和歌の浦と玉津島 山本啓介
18 オーロラの日本史 古典籍・古文書にみる記録 岩橋清美 片岡龍峰
19 御簾の下からこぼれ出る装束 王朝物語絵と女性の空間 赤澤真理
20 源氏物語といけばな 源氏流いけばなの軌跡 岩坪 健
21 江戸水没 寛政改革の水害対策 渡辺浩一
22 時空を翔ける中将姫 説話の近世的変容 日沖敦子
23 『無門関』の出世双六 帰化した禅の聖典 ディディエ・ダヴァン
24 アワビと古代国家 『延喜式』にみる食材の生産と管理 清武雄二
25 春日懐紙の書誌学 田中大士
26 「いろは」の十九世紀 文字と教育の文化史 岡田一祐
27 妖怪たちの秘密基地 つくもがみの時空 齋藤真麻理
28 知と奇でめぐる近世地誌 名所図会と諸国奇談 木越俊介
29 雲は美しいか 和歌と追想の力学 渡部泰明